Heinz Großmann / Bernhard Wessels

Komm her, wir feiern heute

Heinz Großmann / Bernhard Wessels

Komm her, wir feiern heute

Gottesdienste mit Kindern zwischen 4 und 6 Jahren
Erfahrungsbericht mit 25 praktischen Beispielen

Musikalische Unterstützung
Peter Sasse

Bernward Verlag
Verlag Butzon & Bercker

Fotos: Hans Engler und Dr. Karl-Heinz Ruppert, Bremerhaven

ISBN 3 87065 083 4 Bernward Verlag Hildesheim
ISBN 3 7666 8878 2 Verlag Butzon & Bercker Kevelaer

Mit kirchlicher Druckerlaubnis. Nr. 305/6–27/75.
Münster, den 17. 3. 1976. Dr. Spital, Generalvikar.
Umschlaggestaltung: Kurt Wolff.
Herstellung: Bercker Graphischer Betrieb GmbH Kevelaer.

Inhaltsverzeichnis

Praktischer Teil

Lieder

Geleitwort

Das Lesen dieses Buches wurde mir zu einer Entdeckungsreise und zu einer stillen Bekehrung. Der Gedanke, daß Kinder zwischen vier und sechs Jahren so gottesdienst-, ja eucharistiefähig sein könnten, lag bis dahin außerhalb meines Horizonts. Jetzt bin ich um diesen Erfahrungsbericht reicher geworden und warte auf eine Gelegenheit, hineingenommen zu werden in einen Kreis von Eltern, die durch dieses Buch neuen Mut bekommen haben.

Es handelt sich um Protokolle, um Erfahrungsberichte mit praktischen Beispielen. Sie sind also – das ist die erklärte Absicht der Verfasser – nicht zum Abschreiben da, sondern zum Anregen und zum Vergleichen. Andererseits sind sie inzwischen, zusammen mit anderen Erfahrungen, Ursache und Anlaß geworden für die Weiterführung der liturgischen Erneuerung. Es gibt inzwischen z. B. neue Hochgebete für Kinder mit eigenen Präfationen. Deswegen wurden die damals gebrauchten Hochgebete aus den Protokollen gestrichen und – jeweils neu zusammengefaßt – jetzt als Einleitung angeboten, mit der der Priester „vor der Präfation in das Eucharistiegebet einführen" kann (vgl. Allgemeine Einführung des römischen Meßbuches Nr. 11). So konnte ein entscheidendes Hindernis für die Drucklegung weggeräumt werden.

Die Verwirklichung einer familiengerechten Liturgie braucht den mühsamen Weg der Erprobung. Die Verfasser haben sich diese Mühe gemacht. Sie berichten von unterwegs und lassen erkennen, weshalb in der Apostelgeschichte (9, 2) die ersten Christen „Anhänger des Weges" genannt werden.

Dr. Joop Bergsma
Professor für Liturgik

Dieser Bericht wäre ohne die engagierte Arbeit der Mitglieder des Familienkreises Bremerhaven-Mitte nicht entstanden. Wir danken den Eltern und ihren Kindern sowie unserem Pfarrer Hellmold.

Die Verfasser

Vorbemerkung

„Religiöse Erziehung wird in der Familie grundgelegt, Schule und Kirche bauen auf diesem Fundament." Welche Eltern werden diesen Sonntagsspruch bestreiten, doch wie soll man einer solchen Forderung im Alltag gerecht werden? Früher, als die religiöse Welt noch fest in den Angeln hing, war das möglicherweise leicht; doch heute, nachdem die religiösen Bilder das Laufen gelernt haben, sind viele Eltern verwirrt. Verunsicherung können zudem die Vertreter der modernen Religionspädagogik und Entwicklungspsychologie, die mit ihren Denkansätzen die Vermittlung der Glaubenslehre beeinflussen, ungewollt verursachen. Ob man dem Kind im Vorschulalter zunächst den Namen „Gott" oder „Jesus" näherbringt, kann durchaus einer mehrseitigen Erörterung wert sein.

Sinn und Notwendigkeit einer zeitgemäßen Religionspädagogik möchten wir nicht bestreiten, wohl aber auf die Gefahr ihrer Verselbständigung hinweisen. Für einen schlichten Laien sind viele religionspädagogische Schriften nicht nur wegen ihrer Sprache, sondern auch wegen ihres Inhalts zu „hoch". Die Folge ist nur zu oft: die gute Absicht des Laien mündet in Resignation, und die religiösen Erziehungsnormen der eigenen Kindheit werden mit bitterem Trotz und heimlicher Genugtuung hervorgekramt.

Eben weil die einzelnen Eltern hinsichtlich der religiösen Kindererziehung überfordert sind, haben wir mit acht Ehepaaren eine Gruppe gebildet. Gemeinsam lassen sich eher und verläßlicher Glaubensinhalte und Möglichkeiten zu deren Vermittlung erarbeiten. Mehr als zwei Jahre besteht unsere Gruppe bereits. Wenn wir nun mit dieser Schrift über unsere Tätigkeit und Erfahrungen berichten, so geschieht das vor allem aus zwei Gründen.
Zunächst möchten wir Gleichgesinnten Mut machen, Ähnliches anzufangen, zudem der Vatikan im November 1973 durch das „Römische Direktorium über die Kindermesse" die Kirche ausdrücklich aufgefordert hat, Formen kindgemäßer Gottesdienste zu erproben. Unser Modell kann dabei eine Reihe von Anregungen bieten. Eine wörtliche Übernahme unserer Texte wäre allerdings nicht ratsam, weil sich dann der Haupteffekt unseres Bemühens – wir sind eine kleine Gemeinde und feiern *unsern* Gottesdienst – nicht einstellen kann.

Zum andern möchten wir mit der Veröffentlichung unseres Berichts Gruppen, die die gleiche Zielsetzung verfolgen wie wir, auffordern, ebenfalls ihre Erfahrungen zu publizieren. Die Mitarbeit als Laie im kirchlichen Bereich ist zeitlich gesehen eine Nebenbeschäftigung. Die Muße zur Lektüre religionspädagogischer Schriften fehlt in der Regel, statt dessen müssen oft entsprechende Kurzinformationen, gemessen an eigenen Erziehungsnormen, den Weg weisen. Daher sind wir uns über die Begrenztheit und Vorläufigkeit unseres Modells bewußt. Veröffentlichte Erfahrungen anderer Gruppen würden uns helfen.

Erörterung der religiösen Erziehung unserer Kinder bis zu ihrer Selbständigkeit haben wir uns als globale Aufgabe für unsere Gruppe gestellt. Doch religiöse Erziehung, in einer Gruppe gemeinsam vorbereitet, braucht in absehbarer Zeit realisierbare Ziele. Wir wählten uns als erstes Etappenziel: allmähliche Einführung unserer Kinder in den Sinngehalt der Heiligen Messe. Eucharistiefeier ohne Teilnahme am Mahl erschien uns paradox. Daher könnte man unser erstes Ziel auch formulieren: Vorbereitung vier- bis sechsjähriger Kinder auf den Empfang der Kommunion.

Einführung

Zum besseren Verständnis der Texte (vgl. S. 33 ff.) muß vorab von unserer Vorbereitungsarbeit die Rede sein. Zunächst wird so ausführlich wie nötig unsere Konzeption dargestellt. Einzelerfahrungen, die wir für bemerkenswert halten, werden anschließend erörtert. Als hauptsächliche inhaltliche Grundlage für dieses Kapitel dienen die Antworten der Gruppenmitglieder auf einen Fragebogen (vgl. S. 117 ff.), den die beiden Verfasser dieses Erfahrungsberichtes ausgearbeitet haben.

Unsere Konzeption

Es bedarf sicher keiner Begründung, daß uns zuerst nur eine globale Zielsetzung vorschwebte: Wir wollten die religiöse Erziehung unserer Kinder, damals zwischen vier und sechs Jahren alt, fördern. Im Laufe der bisher über zwei Jahre währenden Zusammenarbeit in der Gruppe haben sich beständig Praxis und Theorie wechselseitig beeinflußt, so daß sich schließlich in gemeinsamem Nachdenken ein differenziertes Programm für unsere Arbeit entwickelte.

Beweggründe für unsere gemeinsame Arbeit

Um unsere globale Zielvorstellung sinnvoll auffächern zu können, war es zunächst erforderlich, eindeutig die Gründe aufzudecken, die uns veranlaßt hatten, die religiöse Erziehung gemeinsam zu überlegen und vorzubereiten. Insgesamt fünf Beweggründe lassen sich unterscheiden.

Die Eltern als einzelne sind bei der religiösen Erziehung überfordert.

Bei der religiösen Erziehung unserer eigenen Kinder haben wir in zunehmendem Maße unsere Unzulänglichkeit gespürt. Nicht nur die Absicht, die Kinder in den christlichen Glauben einzuführen, viel stärker noch die oft naiv erscheinenden, in Wirklichkeit aber fundamental ausgerichteten Fragen der Kinder zwingen uns zum Nachdenken über unsere eigene religiöse Position. Nicht selten stellt sich dann die Erkenntnis ein: wir wissen über theologische Begründungen unseres Glaubens erschreckend wenig, statt dessen sind wir offensichtlich fragwürdigen Gefühlstraditionen verhaftet.

Die eigene Unzulänglichkeit haben wir ferner erfahren, wenn wir zu klären versuchten, welche Glaubensinformationen wir unseren Kindern vermitteln wollten. Dürfen wir z. B. den Kindern das Weihnachtsevangelium buchstäblich vorlesen, obwohl wir mittlerweile wissen, daß dieser angebliche Bericht in bildhafter Weise geschehene Wirklichkeit spiegelt? Welche Evangelienperikopen sollen wir auswählen, welche Gebete, welche Lieder? Sollen wir die Kinder im Vorschulalter in den Gottesdienst mitnehmen? Dürfen wir für uns so gängige Formeln wie „Maria die Gottesgebärerin" den Kindern gegenüber verwenden?

Neben der Frage nach dem „Was" verunsicherte uns ferner das Nachdenken über das „Wie" der Vermittlung. Die gründlich ausgesuchten Glaubensinformationen müssen schließlich in die kindgemäße Vorstellungswelt übertragen werden. Wie läßt sich z. B. den Kindern das Weihnachtsevangelium näherbringen, ohne daß es die kindliche Phantasie zu einer Idylle verfestigt, die für die Aussageabsicht des Evangelisten keinen Raum mehr läßt?

Unzufriedenheit mit der eigenen religiösen Erziehung

Neben der Erkenntnis, für die Weitergabe religiöser Inhalte unzureichend vorbereitet zu sein, wurde uns ein Gefühl der Unzufriedenheit mit der religiösen Erziehung bewußt, die wir in unserer Kindheit erfahren hatten. Diese Erziehung hat uns eine zu starre und statische Vorstellung unseres Glaubens vermittelt, so daß wir religiös in vieler Hinsicht in der Kindheit stecken geblieben sind. Das wurde uns klar an unserer Deutung der Begriffe Gott oder Himmel, beim Nachdenken über unser Sündenverständnis. Oder: Die Evangelien waren uns als geschichtliche Begebenheiten vorgetragen und entsprechend ausgeschmückt worden. Es war daher in unserer Gruppe nicht leicht gewesen, jeden zu überzeugen, daß man z. B. das Weihnachtsevangelium nicht buchstäblich verstehen dürfe, sondern nach der Aussageabsicht des Evangelisten zu fragen habe. Oder: Es wurde uns gelehrt, die Kirche ruhe auf einem Fels und werde nicht untergehen. Verschwiegen wurde uns allerdings, wie sehr sich die Kirche unter dem Einfluß der Geschichte gewandelt hat und noch heute wandelt.

Wir begriffen allmählich, daß religiöse Erziehung dynamisch, auf Entwicklung hin angelegt sein muß. Mit dem biologischen und geistigen Reifeprozeß muß eine altersgemäße Vertiefung der religiösen Einsicht parallel verlaufen. Diese Einsicht war vor allem wichtig, um der Bedrohung zu begegnen, die von der säkularisierten Umwelt in Richtung auf die Religion ausgeht.

Einfluß der säkularisierten Gesellschaft auf die religiöse Entwicklung der Kinder

Wir leben in einer säkularisierten Gesellschaft, die in zunehmendem Maße religiöse Werte in Frage stellt. Dieser Vorgang ist zu bejahen, solange er zu einer Klärung des Wesens der Religion beiträgt. Er ist aber abzulehnen, wenn er pauschale Auswirkungen zeitigt und z. B. die Existenz Gottes leugnet, weil sie wissenschaftlich nicht belegbar ist.

Auch wir werden von diesem Säkularisierungsprozeß beeinflußt und in ernste Glaubenszweifel geführt. Das hat, wenn wir unsern Kindern und uns gegenüber verantwortungsbewußt handeln, schon seine Bedeutung für die Erziehung der Kinder im Vorschulalter. Mag das Kind in diesem Alter ihm unverständliche Glaubensinformationen noch hinnehmen, weil dahinter die Autorität der Eltern steht. Doch die zukunftsgerichtete Sorge der Eltern, daß ihr Kind in der Zeit der Pubertät hinsichtlich der Religion den Einflüssen der verweltlichten Umwelt erliegen könnte, läßt sich nur in Maßen halten, wenn in die religiöse Erziehung so früh wie möglich eine überlegte Auseinandersetzung mit der modernen Welt, eine Art Scheidung der Geister, mit einbezogen wird. Überflüssig zu betonen, daß uns diese Erziehung zur Kritikfähigkeit und zur Weiterentwicklung unseres eigenen Glaubens verpflichtet.

Gottesdienste für vier- bis sechsjährige Kinder werden nicht angeboten.

Kindermessen, wie wir sie kennengelernt haben, waren Erwachsenenmessen, aufgelockert durch einige Kindergebete, die die Erwachsenen in plötzlich aufwallender frommer Heile-Welt-Mentalität mitbeteten, ferner versehen mit einer Predigt, die oft genug nur vordergründig die Kinder ansprach, in Wirklichkeit aber auf die Erwachsenen abzielte. Außerdem durften die Kinder als erste zur Kommunionbank schreiten. Diese angeblichen Kindermessen sind zumindest theoretisch in den deutschen Diözesen überwunden.
Statt dessen feiert man sonntags Messen, in denen man sich bemüht, die religiösen Entwicklungsstufen der Kinder im Alter von ca. sechs bis dreizehn Jahren zu berücksichtigen. Doch abgesehen davon, daß diese Versuche für diese breite Altersspanne – entwicklungspsychologisch gesehen – schon im Ansatz fragwürdig sind, so ist mit diesen Gottesdiensten unseren Vorschulkindern in keiner Weise gedient.

„Demokratisierung“ der Kirche: Der Laie muß mittätige Verantwortung übernehmen.

Die Kirche wird in der Auseinandersetzung mit der modernen Welt unseres Erachtens nur bestehen, wenn den Laien mehr Möglichkeiten zur Gestaltung im innerkirchlichen Bereich eingeräumt werden. Bei dieser „Demokratisierung“ handelt es sich weniger um eine neue Machtverteilung, eher um einen notwendigen Emanzipationsvorgang. Der Laie muß in zunehmendem Maße tatkräftige Mithilfe bei Aufgaben leisten, für die er vornehmlich verantwortlich ist. Wir haben den Eindruck, daß dieser Prozeß schon Auswirkungen zeigt und sowohl von einzelnen Geistlichen als auch von Laien gebührend bewertet wird. Dieser Prozeß ist an der Tatsache sichtbar, daß der Laie in der Kirche bzw. in der Gemeinde funktional wichtiger wird.
Das hängt nicht allein damit zusammen, daß es in der Kirche mehr und mehr an Priestern mangelt. Eine zweite Ursache ist vermutlich wesentlicher. Die Differenziertheit unserer Gemeinden ist zu weit fortgeschritten, als daß der Pfarrer kraft seiner Ausbildung und seines Amtes noch fähig wäre, ein in allem kompetenter Repräsentant zu sein. Es ist für ihn unmöglich, die soziale, geistige und religiöse Pluralität der Gemeinde zu umfassen. Hinzu kommt, daß ihm als zölibatär Lebenden für die Gemeindearbeit entscheidende Lebensbereiche, wie Ehe und Familie, hinsichtlich ihrer existentiellen Erfahrung nur schwer zugänglich sind. So fällt es, um ein Beispiel zu nennen, in der Regel dem Priester recht schwer, vom Kind her zu denken. Besonders im Religionsunterricht oder bei der Gestaltung der Kindermesse wird dieser Mangel oft deutlich. Die Konsequenz aus diesem Tatbestand kann nur lauten: Priester und Laien müssen in gegenseitiger Offenheit die Probleme der Gemeinde lösen.

Unsere Zielvorstellungen

Die Darstellung der Beweggründe ermöglicht, unsere Zielvorstellungen knapp zusammenzufassen:

1. *Die Eltern sollen gemeinsam an der religiösen Erziehung ihrer Kinder mitarbeiten.*
2. *Die religiöse Erziehung soll in „dynamischer“ Form bis zur religiösen Selbständigkeit der Kinder geleistet werden. Dieses Langzeitziel muß in möglichst organische Kurzzeitziele aufgegliedert werden.*
3. *Die Kluft zwischen dem kirchlichen und dem weltlichen Bereich muß sinnvoll überbrückt werden.*

4. Die Eltern und Kinder sollten zu einer kleinen „Gemeinde" zusammenwachsen.

Im Folgenden werden diese thesenartig formulierten Ziele – soweit noch nicht aus dem bereits Gesagten ersichtlich – an unserm ersten Kurzzeitziel: „Allmähliche Einführung der Kinder in den Sinngehalt der Messe" erläutert.

Vorbereitung der Gottesdienste durch die Eltern

Neben den schon erwähnten Gründen für das Mitwirken der Eltern bei der Vorbereitung der Gottesdienste ist ein weiterer entscheidend. Besonders Vorschulkindern, doch vermutlich Kindern überhaupt, sollte man das Verstehen der jeweiligen Sonntagsmesse dadurch erleichtern, daß man sie mit den Texten und Liedern nach Bedarf vertraut macht. Keinesfalls sollten die Kinder derart präpariert werden, daß sie in dem folgenden Gottesdienst vor Langeweile zu gähnen beginnen, sondern sie sollten ein genügendes Vorverständnis besitzen, so daß sie zur Aktivität motiviert sind.
Die Vorbereitung muß von den Eltern gemeinsam durchgeführt werden, denn nur sie wissen, was ihren Kindern zuzumuten ist. Außerdem läßt sich in der Diskussion die Methode der Vermittlung vielfältiger erörtern, als wenn eine Mutter allein für dieses Problem nach einer Lösung sucht. Unsere Erfahrungen haben ergeben, daß sich in der Regel mit der gemeinsamen Erarbeitung der kindgemäßen Texte (z. B. Evangelien, Lieder, Gebete) unser eigenes Verständnis der anstehenden religiösen Inhalte vertiefte und damit sich zugleich methodische Möglichkeiten der Vermittlung der Texte an die Kinder einstellten.

Als günstiger Termin für den Vorbereitungsabend hat sich der zehnte Tag vor dem geplanten Gottesdienst erwiesen. Wir brauchen diese Frist, weil das Ergebnis der Vorbereitung mit Hilfe einer Matrize vervielfältigt und den einzelnen Eltern zugeschickt werden muß. Außerdem haben die Eltern in der Regel die Kinder auf den Gottesdienst vorzubereiten, z. B. durch das gemeinsame „Einsingen" eines neuen Liedes.
Der Vorbereitungsabend besteht aus zwei Teilen. Zunächst wird eine Art Nachbereitung durchgeführt. Wir tauschen Erfahrungen über den letzten Gottesdienst aus, berichten auch die Reaktionen der Kinder. Anschließend bereiten wir gemeinsam den nächsten Gottesdienst vor.
Wir legen zuerst das Thema fest. Dazu wählen wir einen geeigneten Text aus der Heiligen Schrift aus, den wir inhaltlich und sprachlich dem Vermögen unserer Kinder anpassen.

Nach dieser Arbeit ist in der Regel das Thema vielschichtig bedacht, so daß die Gedanken für das Gespräch und die Gebete zur Verfügung stehen. Die Gebete einschließlich der Fürbitten werden inzwischen – sozusagen als Hausaufgabe – von einzelnen Eltern verfaßt und von ihnen demjenigen mitgeteilt, der die Gottesdiensttexte auf Matrize schreibt und vervielfältigt.

Lieder übernehmen wir zum Teil aus publizierten Kindermessen. Die Texte der meisten Lieder stammen allerdings von uns, bekannten Melodien, z. B. Spirituals, unterlegt.
Die von uns bevorzugten Bücher sind im Verzeichnis der Hilfsmittel (vgl. S. 137) unter I aufgeführt. Einige unserer Eltern haben sich mittlerweile in je eines dieser Bücher eingelesen, so daß sie bei der Vorbereitung eines Themas aufgrund der Lektüre „ihres" Buches Vorschläge machen können.
Unsere kleine Bibliothek wird ständig durch Neuerscheinungen, die uns für unsere Arbeit förderlich erscheinen, ergänzt. Der Kirchenvorstand unserer Gemeinde hat uns einen jährlichen Etat von DM 600,– eingeräumt.

Grundsätze für die Vorbereitung der Gottesdienste

Anfänglich glaubten wir, daß es genügte, wenn wir uns nur über die Grundsätze einigten, die den Kindern ein nachhaltiges Verständnis unserer religiösen Absichten ermöglichten. Damit die gemeinsame Arbeit zielgerichtet durchgeführt werden könnte, nahmen wir unbewußt an, bedürfe es nur der Einhaltung der bekannten Regeln für Diskussionen. Es hat einige Abende gedauert, bis wir begriffen, daß wir vor allem zwei Gebote berücksichtigen müßten: Jedes Gruppenmitglied muß sich an der Diskussion beteiligen können, und jeder Vorschlag wird diskutiert.
Mit diesen beiden Forderungen legten wir uns die Pflicht auf, jedes Mitglied als gleichberechtigten Partner ernst zu nehmen. Das schreibt sich leicht, war aber erst nach einem langen Lernprozeß zu erreichen. Besonders unsere Fachleute (unser Pfarrer und ein Lehrer) wurden so gezwungen, ihre Vorschläge so deutlich wie möglich zu formulieren, also sonst nur angedeutete Theologie oder Pädagogik sprachlich zu entfalten. Außerdem hatten sie sich auch mit Beiträgen auseinanderzusetzen, die auf den berühmten ersten Blick nicht in ihr Konzept paßten. Das Ergebnis hatte zwei erfreuliche Seiten: Unsere „Theoretiker" lernten ihre Vorschläge mit den Erfordernissen der „Basis" in Einklang zu bringen, und die nicht so wortgewandten Eltern wagten allmählich ihre Anregungen und Bedenken zu äußern.

Wir haben unsere Gottesdienste nicht „Kindermessen", sondern „Gottesdienste für vier- bis sechsjährige Kinder und ihre Eltern" genannt. Damit sollte ausgedrückt werden, daß in diesem Gottesdienst nicht nur die Kinder, sondern auch die Eltern in das liturgische Handeln einbezogen werden sollten. Beide, Kinder wie Eltern, sollten erleben, daß sich „ihre" Messe ereignet. Dies ließ sich wegen der emotionalen Bindung der Eltern an ihre Kinder selbst dann verwirklichen, wenn die Vorbereitung der Gottesdienste völlig aus der Perspektive der Kinder geleistet wurde. Bei diesem Bemühen haben sich vor allem drei wichtige Grundsätze herauskristallisiert: optimale Veranschaulichung, Kindgemäßheit der Texte und Berücksichtigung des kindlichen Dranges nach Mobilität und Selbsttätigkeit.

Optimale Veranschaulichung

Religiöse Sachverhalte müssen den Kindern nach Möglichkeit so zur Aufnahme angeboten werden, daß sie sie anschauen können. Dabei unterscheiden wir zwischen „äußerer" und „innerer" Anschauung. Unter „äußerer" Anschauung verstehen wir im engeren Sinne: das zu Vermittelnde muß „gesehen" werden, also mit dem Gesichtssinn wahrnehmbar sein; im weiteren Sinne bedeutet für uns „äußere" Anschauung: das zu Vermittelnde muß mit allen Sinnen auffaßbar sein. Dazu einige Beispiele: Wir haben den Kindern die Inneneinrichtung der Kirche und verschiedene liturgische Gegenstände gezeigt und in deren funktionalem Zusammenhang erklärt (vgl. S. 33, 35, 54, 58). Zu den Lesungen (Evangelienperikopen) suchen wir nach großflächigen Darstellungen (z. B. Wandfries, Wandteppiche, Filzkarten mit Figuren usw., vgl. Verzeichnis der Hilfsmittel S. 137). Kinder malen im Gottesdienst, was sie in der Lesung gehört haben, oder sie bringen Bilder mit, die sie zu Hause zum Text des Evangeliums gemalt haben. Während unserer Erstkommunionfeier haben wir im Chor einen 3 × 4 m großen Wandteppich aufgehängt: Um einen ovalen Tisch sitzt Jesus mit den Jüngern. Die Kinder hatten sich zu Hause gemalt, ihre „Porträts" wurden während des Gottesdienstes auf den Teppich zu den Aposteln geheftet. Ferner haben wir den Priester um Betonung der liturgischen Gebärden gebeten.
Was wir unter dem Begriff „innere" Anschauung verstehen, wird im nächsten Abschnitt erläutert.

Kindgemäßheit der Texte

Es ist regelmäßig der schwierigste Teil unserer Arbeit, Evangelientexte in die Sprache unserer Kinder umzusetzen. Der Versuch, die Texte zu veranschaulichen, bezieht sich nicht nur auf das einzelne Wort, sondern ebenso auf die Glaubensaussage, die in Bildern möglichst kindgemäß dargestellt werden sollte, z. B. in der bei uns oft wiederkehrenden Formel: „Jesus unser Freund". Wir haben mehrfach Texte von Steinwede (vgl. Verzeichnis der Hilfsmittel

S. 137) verwenden können, die wir allerdings in allen Fällen unseren Anforderungen gemäß umgeformt haben. Unseres Erachtens sind Steinwedes Texte für fünf- und sechsjährige Kinder theologisch zum Teil zu anspruchsvoll. Ferner sind sie uns in der Regel sprachlich zu breit angelegt, die variierende Wiederholung als Stilprinzip wird übertrieben. Ohne Anschauungswert empfinden wir die häufig blassen Verben und die mit Vorliebe massiert verwendeten Adverbien, die letztlich nur Füllfunktion haben. Statt dessen scheint uns der knappe und präzise Text für unsere Kinder wirkungsvoller zu sein. Allerdings muß er, der Aussage angemessen, auffällig betont sowie mit sinnvollen (kurzen und längeren) Pausen vorgelesen werden.
Der Grundsatz: die Kinder sollen alle Glaubensinhalte, die wir ihnen vermitteln, verstehen, galt am Anfang unserer Arbeit, offensichtlich wegen unserer eigenen Kindheitserfahrung, geradezu als unumstößlich. Doch allmählich wurde dieses Prinzip in Frage gestellt. Einige Eltern verwiesen darauf, daß wir als Erwachsene lange nicht alles, was mit unserem Glauben zusammenhängt, „verstehen". Andere äußerten, daß wir gleichfalls auf die Zukunft setzen müßten; nicht alles, was wir ihnen vermitteln, würden die Kinder jetzt schon begreifen, im Laufe des weiteren Reifeprozesses würden Glaubenswahrheiten schubweise einsichtig werden. Wieder andere wollten das erwähnte Prinzip nicht aufgeben. Wir haben uns schließlich folgendermaßen geeinigt: Für das Verständnis unserer Vorschulkinder müssen wir komplizierte theologische Sachverhalte oft auf Äußeres hin reduzieren, nicht selten in emotional gebundene Bilder auflösen. Gerade wegen der starken emotionalen Wirkung dieser Bilder besteht die Gefahr der Verfestigung eines vereinfachten Glaubens. Um diese mögliche religiöse Statik zu überwinden, müssen die von uns behandelten Perikopen turnusgemäß wiederkehren, damit eine theologische Vertiefung entsprechend dem altersgemäßen Verständnis der Kinder versucht werden kann.

Das Umsetzen der Evangelientexte in eine kindgemäße Sprache ist für uns Erwachsene von hohem religiösem Gewinn. Selten haben wir versucht, so systematisch und gründlich die Evangelien zu verstehen wie an unseren Vorbereitungsabenden. Auch das ist ein Motiv dafür, daß sich bei uns das Erlebnis, „unsern" Gottesdienst zu feiern, einstellt.
Nicht nur die Evangelien, auch die Gebete und die Liedertexte werden nach dem Prinzip der Kindgemäßheit verfaßt.
Ein Mittel, „äußere" und „innere" Anschauung zu verstärken, ist die begriffliche Bewußtbarmachung des liturgischen Geschehens. Damit erfolgt zugleich eine kindgemäße Gliederung des Gottesdienstes, ohne daß die einzelnen Teile aus ihrem funktionalen Zusammenhang gerissen werden. Dazu ein Bei-

spiel: Haben die Kinder die Gaben zum Altar gebracht, wiederholt der Priester die Handlung, indem er sie – zusammenfassend – in Worte umsetzt, und zugleich leitet er zum nächsten Tun über: „Christina, Joachim und Robert haben Brot, Wein und Wasser hier auf den Altar gestellt. Jetzt wollen wir Gott bitten, daß er die Gaben segnet."

Berücksichtigung des kindlichen Dranges
nach Mobilität und Selbsttätigkeit

Von gelegentlichen Besuchen des sonntäglichen Hochamtes mit unseren Kindern wußten wir, daß sie während des Gottesdienstes eine rege Betriebsamkeit entfalten können, die nicht immer mit den Anstandsregeln der Kirche im Einklang steht. Es war uns klar, daß diese Aktivität nicht unterdrückt werden konnte, sondern in einem liturgisch sinnvollen Tun ausgelebt werden müßte. Wir suchten also nach liturgischen Handlungen, die ermöglichten, den Drang unserer Kinder nach Mobilität und Selbsttätigkeit zu respektieren.

Zunächst einige Beispiele zum Faktor Mobilität:
Wir versammeln und begrüßen uns zum Gottesdienst in der Vorhalle. Dort begrüßt uns auch der Pfarrer, der jedes Kind mit Namen nennt. Dann ziehen wir ein, wobei ein Lied gesungen wird. Wir nehmen zunächst Platz in den vorderen Bänken, wobei anzumerken ist, daß wir gerne auf die feststehenden Bänke zugunsten beweglicher Sitz- bzw. Kniebänke, vergleichbar denen in französischen Kathedralen, verzichten würden, denn mit derartigem Gestühl könnten wir gerade erforderliche Sitzordnungen einrichten. Zur Gabenbereitung schreiten wir in den Chor und stellen uns im Kreis um den Altar. Beim Friedensgruß reichen wir uns die Hände. Nach dem Segen findet der feierliche Auszug statt, in der Vorhalle verabschiedet sich der Priester von uns.

Nun einige Beispiele zum Faktor Selbsttätigkeit:
Die Kinder begleiten unser Melodieinstrument (Gitarre) mit Orff'schen Instrumenten. Da die Lieder in Text und Melodie dem Verständnis der Kinder angepaßt sind, werden sie entsprechend lautstark und im Gefühl, das sind unsere Lieder, gesungen. Bei der Er- und Verarbeitung unserer Texte, besonders der Lesung, werden geistige, emotionale und motorische Aktivitäten der Kinder (z. B. Diskussion, Malen, Zeigen von Einzelheiten auf Bildern) herausgefordert. Zur Gabenbereitung bringen Kinder Brot, Wein und den Kelch zum Altar.
An diesen Beispielen wird deutlich, daß es nicht allein darum geht, den kindli-

chen Drang nach Mobilität und Aktivität auszunutzen, sondern gleichfalls darum, daß liturgische Symbolhandlungen oder Zeichen auf ihre eigentliche Aussage zurückgeführt und dann bewußt vollzogen werden, zumindest vollzogen werden könnten. Man kann es auch schlichter ausdrücken: Kinder erdulden nicht den Gottesdienst, sie „tun" ihn.

Einführung in den Sinngehalt der Heiligen Messe oder
Vorbereitung auf die Teilnahme an der Mahlfeier

Unsere Absicht, in einer Gruppe junger Eltern über die religiöse Erziehung unserer Kinder bis zu deren religiöser Selbständigkeit nachzudenken, konnte nur als globales Langzeitziel aufgefaßt werden, mußte also von uns in konkrete und überschaubare Kurzzeitziele aufgeteilt werden. Es stellte sich zudem heraus, daß es für die Gruppe, trotz unseres guten Willens, ausgesprochen zweckdienlich ist, klare Kurzzeitziele mit einem markanten Abschluß zu setzen. Auch religiös-pädagogische Arbeit muß greifbare Erfolge haben, muß also eine kontrollierbare Aufwärtsentwicklung zeitigen.
Das erste Kurzzeitziel, unsere Kinder allmählich in den Sinngehalt des Gottesdienstes einzuführen, haben wir mit einem fröhlichen Optimismus begonnen. Wir glaubten zunächst, wir könnten die Messe quasi Stück für Stück dem Verständnis unserer Kinder näherbringen, wobei sich schließlich irgendwie eine Verbindung der einzelnen Teile in der Vorstellung der Kinder bilden würde. Wir fußten offensichtlich auf einem atomisierten Messe-Verständnis (Vormesse, Hauptmesse: Opferung, Präfation usw.), wie es uns in der Kindheit im Religionsunterricht vermittelt worden war, zumindest, wie es sich in unserer Anschauung verfestigt hatte.
Unsere Methoden-Diskussion erbrachte als erstes allgemein anerkanntes Ergebnis folgende Einsichten: Die einzelnen Teile der Messe dürfen als Teile wegen der Gefahr der Verselbständigung nicht überbetont werden, sie müssen in der Vorstellung der Kinder in ihrem funktionalen Zusammenhang zur gesamten Messe erlebbar sein.
Weil wir gründlich über den inneren Zusammenhang der einzelnen Teile nachdachten, wurde uns zudem bewußt, daß die Messe neben dem Opfergedanken, den wir unseren Vorschulkindern vorenthielten, als Mahlfeier konzipiert ist, daß also zu ihr wesensgemäß der Empfang der Heiligen Kommunion gehört.
Aus diesen beiden Einsichten zogen wir diese Konsequenz: Wenn wir unsere Kinder sinnvoll in die Messe einführen wollen, dann müssen wir den Gedanken der Mahlfeier ernst nehmen und unsere Kinder auf den Empfang der Kommunion vorbereiten. Überspitzt mußte das bedeuten: Wir feiern mit unse-

ren Kindern zum ersten Mal die Messe, wenn wir die Kommunionvorbereitung abgeschlossen haben. Grundsätzlich haben wir diese Maxime respektiert, lediglich zu Weihnachten haben wir Ausnahmen zugelassen (übrigens haben auch die Kinder in diesen Gottesdiensten – vgl. Texte S. 38 und S. 62 – etwas „empfangen": ein Weihnachtsbild und eine brennende Kerze).
Als Hinführung zur Messe versuchten wir unsere Kinder an gottesdienstliche Formen zu gewöhnen, die im Vorfeld der Messe anzusiedeln sind und von denen aus eine Brücke zur Messe zu bauen möglich ist. Aber auch diese Absicht erwies sich noch als zu verfrüht in Angriff genommen. Wir stellten nämlich fest, daß die Kirche als Gebäude für unsere Kinder viele interessante, wenn nicht sogar geheimnisvolle Dinge barg, die zunächst von den Kindern begriffen werden mußten. Das sollte auch deshalb geschehen, damit die Kinder durch ihnen Fremdartiges während der Gottesdienste nicht über Gebühr abgelenkt wurden. Um die Kinder in der Kirche heimisch werden zu lassen, zeigten wir ihnen z. B. die Sakristei: sie durften die schweren Meßbücher tragen und darin herumblättern, sie betrachteten die verschiedenen Meßgewänder, sie bestaunten den großen Auslegetisch. Oder: sie durften auf der Orgel spielen, in Orgelpfeifen blasen, die Nummern für den Liedanzeiger tippen usw. Wir haben erleben können, daß sich in den Kindern allmählich das Gefühl ausbildete: dies ist unsere Kirche, also eine Art kindlicher Besitznahme stattfand.
Zusammenfassend läßt sich sagen, daß wir unsere Kinder in drei Phasen in die Messe eingeführt haben bzw. einführen:

1. Kennenlernen der Kirche (vgl. Texte S. 33 ff.)
2. Gottesdienstformen im Vorfeld der Messe (vgl. Texte S. 40 ff.)
3. Mahlfeier (vgl. Texte S. 65 ff.)

Wie nun haben wir unsere Kinder auf die Kommunion vorbereitet?

Wollten wir unsere Kinder in die Mahlgemeinschaft des Altares aufnehmen, stellte sich gleich die Frage, inwieweit Kinder dieses Alters zu dem Glaubensakt fähig sind, den das Essen des Leibes Christi voraussetzt.
Unsere Erfahrungen aufgrund der religiösen Gespräche und Gebete mit den Kindern in Gottesdienst und Familie ließen uns zu der Überzeugung kommen, daß diese Kinder in der Lage waren, am Mahl der Freunde Jesu teilzunehmen. Zwei Gründe schienen uns besonders wichtig. Erstens hatten unsere Kinder von sich aus den Wunsch geäußert, am Mahl teilzunehmen. Zweitens wurde uns klar, daß der nötige Glaubensakt der Kinder und die sich aus der Teilnahme am Mahl ergebende Konsequenz im Handeln eingebettet sind in der Glaubensentscheidung und in dem religiösen Leben der Eltern. Die Teil-

nahme am Mahl muß daher immer ein Gemeinschaftserlebnis von Vater und/oder Mutter und Kind sein. Unverantwortlich wäre es unseres Erachtens, Kinder in diesem Alter allein in die Messe und zur Kommunion zu schicken. Gerade dieses Gemeinschaftserlebnis trägt sowohl das Kind als auch die Eltern.

Zu der glaubensmäßigen Vorbedingung für eine Teilnahme an der Mahlfeier gehört aber auch ein Wissen, das diesen Glauben stützt. Eine Menge Informationen über die Person Jesu, sein Reden, sein Handeln, seine Absichten, über Menschen in seiner Nähe, über Menschen, die an ihn glauben, wurde den Kindern in den Wortgottesdiensten und den Gesprächen und Erzählungen in der Familie vermittelt. Dieses Wissen zu systematisieren, zu ergänzen und zu vertiefen, sollte der Zweck einer gezielten Vorbereitung unserer Kinder auf die Erstkommunion sein. Es konnte uns dabei nicht darauf ankommen, den Kindern abfragbares Schulwissen beizubringen, sondern ihnen sollten die Dinge und Erlebnisse ihrer Alltagsumgebung bewußt gemacht werden, damit sie dieses Leben bewußt als Freunde Jesu leben könnten.

So nahmen wir uns etwa ein Vierteljahr Zeit, um in dem „Medienverbund" Familie, Kinderkreis mit einigen Müttern, gemeinsame Feier des ganzen Kreises, Vorbereitungskreis der Eltern und Gottesdienst uns Eltern und unsere Kinder auf das Mahlhalten mit Jesus vorzubereiten. Inhaltlich orientierten wir uns an: König u. a., „Jesus ruft uns. Ein Vorbereitungskurs zur Erstkommunion", Kösel-Verlag, München, und: Weber, „Miteinander eins werden. Vorbereitung auf die Eucharistie", Verlag Herder, Freiburg. Beides sind Materialien, die sich auf die Kommunionvorbereitung im 2./3. Schuljahr beziehen. Sie konnten uns also nur in etwa die Richtung angeben.

Bei den elf Einheiten, in die wir unseren kleinen Lehrgang (vgl. Texte S. 40 ff.) einteilten, gingen wir aus von uns selbst (1. Wer sind wir? 2. Was brauchen wir, um zu leben?), um von dem Feststellen unserer Bedürfnisse auf den Mitmenschen zu stoßen (3. Wir brauchen Menschen zur Befriedigung unserer Bedürfnisse). Der zwischenmenschliche Bereich ergibt das Erlebnis von Konflikten (4. Zank, Streit), aber auch von Zuwendung, Liebe, Geborgensein (5. Familie, Freunde). Ebenso gehört in diesen Zusammenhang, vor allem wenn am Ende dieser Überlegungen die Person Jesu stehen soll, das Außenseiterproblem, von den Kindern selbst erfahren oder beobachtet (6. Menschen, die wir nicht mögen). In dieser Außenseitersituation ist es tröstlich, von Jesus zu erfahren, der gerade zu dem geht, der an den Rand des so lebenswichtigen zwischenmenschlichen Bereiches gedrängt wurde (7. Es gibt einen, der keinen Menschen ablehnt: Jesus; 8. Jesus begegnet Menschen, er heilt sie, er hilft ihnen). Schließlich bietet Jesus seine Freundschaft an (9. Jesus sucht Freunde), den Menschen seiner Zeit und auch uns. Feiern, Mahlhalten sind Formen, in denen wir Menschen Freundschaft ausdrücken (10. Mit Freunden feiern wir gern und halten Mahl). Jesus hat mit seinen Freunden ein Festmahl gehalten und es uns als Zeichen seiner Freundschaft zu uns anempfohlen (11. Jesus, unser Freund, feiert das Mahl mit uns). So steht am Ende der Besinnung über uns und unsere Mitmenschen das feierliche Mahl mit Jesus, „dem" Menschen, der uns durch seine Menschlichkeit die Liebe Gottes demonstriert.

Der größte Teil der Vorbereitungsarbeit wurde in der Familie geleistet. Dort wurde besprochen, erzählt, gemalt, ausgeschnitten und geklebt. So entstand bei jedem Kind im Laufe der Wochen eine Mappe, in der es seine Aufzeichnungen und Bilder sammelte. Die Kinder sahen handgreiflich die Ergebnisse ihrer Gespräche und Überlegungen vor sich, und es bot sich die Gelegenheit, immer einmal wieder zurückzublättern, zurückzufragen, zu vertiefen.

Da das Mahlhalten aber wesentlich auch Gemeinschaftserlebnis ist, versuchten wir dieses Erlebnis durch einige Nachmittage zu vermitteln, an denen mit zwei Müttern der Kreis der Kinder unter einem Thema, das in den Vorbereitungslehrgang gehörte, zusammen spielte, Geschichten hörte und besprach, malte und bastelte. Als Material standen hierfür die drei Katechetischen Spielmappen von Wolfgang Longardt (Hrsg.): 1. „Wenn wir gestritten haben. . .", 2. „Wenn wir manchmal Angst haben", 3. „Wenn einer keinen Freund hat", Christophorus-Verlag/Verlag Ernst Kaufmann, Freiburg/Lahr, zur Verfügung. Außerdem wurden bei diesen Nachmittagen ebenso wie in den Familien auch Erzählungen aus dem „Vorlesebuch Religion 1 und 2" von D. Steinwede / S. Ruprecht, Verlag Ernst Kaufmann, Lahr, u. a., verwendet. Diese Nachmittage waren bei den Kindern äußerst beliebt, und man hätte sie in größerer Anzahl veranstalten sollen.

Um auf das eigentliche Mahl vorzubereiten, das Essen des Brotes, trafen sich Eltern und Kinder eine Woche vor der Kommunionfeier an einem Samstagmorgen zu einem gemeinsamen Frühstück. Von großen Brotlaiben wurden von einigen Vätern und dem Geistlichen Scheiben geschnitten, mit Butter bestrichen und bei Kakao und Kaffee mit fröhlichem Schmausen gemeinsam verzehrt. Während des Frühstücks sprach ein Vater mit den Kindern über Brot als einem wichtigen Nahrungsmittel. Es wurden die verschiedenen Brotformen vorgezeigt (auch Hostien), und jedes Kind konnte einmal eine Hostie probieren. Ein Vater las den Kindern vor, wie Jesus solches Brot nahm und es zum Zeichen seiner Gegenwart unter uns setzte. Daran schloß sich ein Gespräch des Geistlichen mit den Kindern über seine Stellvertreterfunktion beim Mahl mit Jesus heute an.

Um die Kinder mit der im Gegensatz zum Wortgottesdienst veränderten liturgischen Form der Mahlfeier bekannt zu machen, fand vier Wochen vor der

Erstkommunionmesse eine Mahlfeier für unsere Kinder statt, an der aber nur die Eltern am Mahl teilnahmen. Der Aspekt der Messe als dem Mahl der Gemeinde stand hier im Vordergrund.
Höhepunkt und Abschluß dieser Vorbereitungszeit war dann die Mahlfeier mit Eltern und Paten und mit der Gemeinde in der Kirche, an die sich das gemeinsame Mittagsmahl im Gemeinderaum anschloß.

Kirche und Welt bilden keine Parallele.

Der Kirche den scheinbaren Status einer Sonderwelt, das Odium der Realitätsferne zu nehmen, ihr statt dessen eine Kernwirkung im menschlichen Leben zurückzugewinnen, war und ist für uns ein großes Problem. Als Eltern wurde uns bald bewußt, daß vor allem wir diese Absicht als eine glaubwürdige Möglichkeit der Lebensbewältigung unseren Kindern vorzeigen müßten. Wie schon oft während unserer gemeinsamen Arbeit stießen wir uns besonders bei diesem Ziel an der Einsicht, daß Kindererziehung für Eltern in erster Linie Selbsterziehung bedeutet. Diese Forderung mußte jeder einzelne von uns für sich bedenken und zu erfüllen versuchen. Doch für das Zusammenleben in der Gruppe mußten wir für unsere Kinder nach Wegen Ausschau halten, die mithalfen, die Isolation der Kirche in der Gesellschaft zumindest in unseren Familien abzubauen.

Vor allem bedeutsam erschien uns, daß das Gespräch nach der Lesung einen aktuellen Bezug zu weltlichen Bereichen, die unsere Kinder erleben oder erleben könnten, herstellen müßte. Als derartige tatsächliche oder mögliche Erfahrungen gelten für uns z. B. Konflikte mit Eltern oder Freunden, Erlebnis der Freundschaft, Lage der Gastarbeiterkinder, Verständnislosigkeit gegenüber körperlich und geistig Behinderten, Hunger der Kinder in der Dritten Welt. Zum Teil wurden diese Aktualisierungen durch aktives Geben erlebnishaft vertieft: Für Gastarbeiterkinder brachten unsere Kinder Spielzeug mit, für geistig und körperlich Behinderte anläßlich des Erntedankfestes Früchte der Natur. Der Hunger in der Dritten Welt wurde durch einen Adventskalender (Becker/Fuchshuber, „Kinder sehen dich an", Verlag Ernst Kaufmann, Lahr) veranschaulicht, dazu wurden treffende Geschichten vorgelesen.

Diese Aktualisierungen bieten einerseits die Chance, Grundlagen für ein religiös motiviertes Problembewußtsein zu schaffen, andererseits bergen sie die Gefahr, daß z. B. Geschenke für Gastarbeiter oder körperlich und geistig Behinderte nur als Geste des Mitleids verstanden werden und damit eventuell einer selbstverständlichen Einbeziehung dieser Menschen in unser Leben im

Wege stehen. Uns sind bisher nur Begegnungen einzelner dieser Kinder mit einigen unserer Kinder gelungen. Eine Ausweitung dieser Begegnungen ist – offen gestanden – auch ein Problem für uns Erwachsene.

Auch was neben Lesung und Gespräch im Gottesdienst geschieht, soll nicht nur auf den Bereich der Kirche begrenzt bleiben, sondern ebenfalls in unserem privaten Leben einen Stellenwert besitzen. So werden die Gebete und Lieder der Gottesdienste auch bei uns zu Hause gesprochen und gesungen. Religiöse Friese – in Gottesdiensten verwendet – erscheinen in den Kinderzimmern wieder.
Nach jedem Gottesdienst bleiben wir zusammen, um nach der Feier in der Kirche ein gemeinsames „Mahl" zu halten. Dabei gilt als das mindeste, daß wir etwas trinken, z. B. Sprudel für die Kinder, als das äußerste bisher ein gemeinsames Mittagessen. Mehrfach haben wir auch Geburtstage der Kinder gefeiert. Entscheidend ist dabei, daß Eltern und Kinder sich eben nicht nur in der Kirche, sondern auch außerhalb der Kirche als Gemeinschaft erleben können. Dazu gehört auch, daß wir gemeinsame Halbtages-Ausflüge machen, mit Kinderbelustigung, Würstchengrillen usw. Dabei hat unser Pfarrer die Kinder stark beeindruckt, indem er sich mit viel Elan an solch weltlichen Dingen wie Sackhüpfen beteiligte.
Nicht nur die Kinder, auch wir Eltern sind von unserem Brauch sehr angetan, in jedem Vierteljahr an einem Samstagmorgen ein gemeinsames Frühstück zu veranstalten. Acht Elternpaare und achtzehn Kinder zusammen mit dem Pfarrer um einen großen quadratisch angeordneten Tisch: Zu essen gibt es Brot und Butter, zu trinken Kaffee, Kakao oder Milch. Unser Pfarrer spricht das Tischgebet, segnet die Gaben, bestreicht viele Scheiben Brot mit Butter und verteilt sie. Das alles ist sehr schlicht, hat aber einen spürbaren Symbolwert.

Inzwischen wird nach jeder unserer Kindermessen ein gemeinsames Frühstück gehalten.

Im Zusammenhang mit diesem gemeinsamen Frühstück haben wir die Frage erörtert, ob wir nicht einmal die Messe in privater, also weltlicher Umgebung feiern sollten, z. B. im Wohnzimmer einer Familie. Es zeigte sich, daß wir in unserem besonderen Fall gegen diesen Plan erhebliche Einwände erhoben. Betont wurde mehrfach, daß eine Meßfeier in einer Wohnung einen privaten Rang erhielte, der dem Charakter der Messe als Handlung der Gemeinde nicht gemäß wäre. Zudem sei die Kirche als Gotteshaus ein Symbol für die Gemeinde. Gerade in unserer Gruppe habe sich das Gefühl, Gemeinde zu sein, ausgebildet, wobei die Kirche vor allem von den Kindern als Zentrum unseres gemeinsamen religiösen Lebens empfunden werde. Wir einigten uns schließlich, den Plan nach einem Jahr erneut zu diskutieren.

Der Pfarrer in unserer Gruppe

Es ist für einen Pfarrer die gewohnte Rolle, daß er in einer kirchlichen Gruppe die tragende Person darstellt. Er führt in der Regel den Vorsitz, sein Wort genießt besondere Anerkennung.
Da sich aus den schon erwähnten Gründen die Position des Pfarrers in unserer Gruppe verändern mußte, halten wir es für erforderlich, daß in unserem Erfahrungsbericht dieser Wandlungsprozeß und sein Ergebnis erläutert werden, und zwar aus dem Blickwinkel unseres Pfarrers und aus der Sicht der Eltern.

Der Pfarrer beurteilt die Gruppe und seine Funktion in ihr:

Schon oft hatte ich mir Gedanken gemacht, wie ein Gottesdienst, insbesondere eine Eucharistiefeier, für Vorschulkinder entsprechend ihrer Fassungskraft zu feiern sei. An einem Abend suchte ich Hilfe in einem Gespräch mit zwei Vätern und einer Mutter, von denen ich aufgrund ihrer Ausbildung und religiösen Haltung diese Hilfe erhoffen konnte. Ich machte ihnen meine Vorschläge für einen Vorschulkindergottesdienst. Wären in diesem Gespräch meine Vorschläge akzeptiert worden, so hätten wir eine Liturgie vom „grünen Tisch" vor uns gehabt, die nicht nur an den Kindern, sondern auch an den Eltern vorbeigegangen wäre. Die Einwendungen der Eltern hörte ich aufmerksam an. Man überzeugte mich: Es muß ein anderer Weg beschritten werden. Wie aber sollte dieser Weg aussehen? Zu folgender Zielvorstellung kamen wir: Eltern, Kinder und Priester müssen zu einer Gemeinschaft zusammenwachsen. Teilziel des Weges wäre die gemeinsame Hinführung der Kinder zur vollen Mitfeier der Heiligen Messe, auch in der Kommunionfeier. Der Priester lernte an den Elternabenden das Zuhören und das Sich-Einordnen in den Elternkreis. Als geistlicher Berater war er nicht der Leiter des Elternkreises, sondern wurde mehr und mehr Partner der Eltern und Freund der Kinder. Dieser Lernprozeß des geistlichen Beraters in diesem Kreis wurde ein wesentlicher Punkt. Wenn ein Geistlicher bereits 35 Jahre im Dienst von Gemeinden steht, ist dieser Lernprozeß in einem so gearteten Elternkreis nicht problemlos. Man muß als Priester lernen, daß die sogenannten Gläubigen nicht nur Objekt der Seelsorge sind, sondern daß gerade Eltern ernst zu nehmende

Seelsorger ihrer eigenen Kinder sind. Wenn diese Schwierigkeiten bei einem Priester gut verarbeitet werden, wird er froh und dankbar sein.

Niemals hatte ich in diesem Elternkreis den Eindruck, als Priester nur eine Nebenerscheinung zu sein, die notgedrungen dabeisein müßte. Aus dem gegenseitigen Ernstnehmen erwuchs eine ganz neue Stellung für den Priester. Sein Amt wurde *echter* Dienst im Sinne des Epheserbriefes 4, 13: „Sie sollen die Heiligen heranbilden zur Erbauung des Leibes Christi. . . zum Vollmaße des Alters Christi.“ Zugleich bildet der Priester in diesem Kreis die Verbindung zur Gesamtgemeinde. Uns allen wurde klar, daß kein „auserwählter“ Kreis entstehen sollte, sondern ein lebendiger Teil der Gemeinde, ja ein Dienst an der ganzen Gemeinde. Der Großteil der in dem Kreis zusammengeschlossenen Eltern ist auch sonst im Gemeindeleben verantwortlich tätig. Aus der Erfahrung von ca. 2 Jahren bin ich zu der Überzeugung gekommen, daß diese gemeinsame Seelsorgearbeit von Eltern und Priester für die Zukunft der Gemeinden ein wesentlicher Punkt sein wird. Der Glaube, daß Gottes Geist auch im getauften und gefirmten „Laien“ wirkt, ist allerdings eine Voraussetzung.

Der Lernprozeß des Pfarrers aus der Sicht der Eltern

Wie der vorhergehende Abschnitt belegt, besteht zwischen unserem Pfarrer und uns Eltern ein gutes Verhältnis. Sicherlich auch aus diesem Grund hat er uns gebeten, seinen Lernprozeß ohne höfliche Verschönerung zu beschreiben. Er meinte, daß derartige Offenheit seinen Mitbrüdern, die mit Kindern Eucharistie feiern wollen, nur dienlich sein könnte.
Unser Pfarrer hatte mehrere Eltern unserer späteren Gruppe eingeladen, Kindermessen mit ihm zu feiern. Seinen Zielvorstellungen nach mußte es sich dabei um eine konventionelle Kindermesse handeln. Damit waren wir nicht zufrieden.
Wir konnten zwar unsere Absichten im einzelnen nicht formulieren; dennoch war unser Pfarrer mit unserer Grundvoraussetzung einverstanden: Die Eltern müßten die Gottesdienste gemeinsam mit ihm vorbereiten.
Die Zusammenarbeit mit uns ist unserem Pfarrer nicht immer leicht gefallen. Wenn wir rückblickend seinen Lernprozeß betrachten, so läßt sich feststellen: Unser Pfarrer hat zwei für Kindermessen elementare Bedingungen innerlich akzeptiert:

1. Die Kindermesse muß von der Denk- und Handlungsweise der jeweils beteiligten Kinder her konzipiert werden.

2. Die Eltern müssen als Mitverantwortliche für die Kindermesse ernst genommen werden.

Wir haben bewußt „innerlich akzeptiert“ geschrieben. Die gute Absicht, diese Bedingungen zu erfüllen, hat wohl jeder Pfarrer. Doch diese Absicht in die Tat umzusetzen, ist schwierig, schon deshalb, weil der Geistliche nur zu leicht an den Anfangsschwierigkeiten scheitern kann, die sich bei der Gruppenarbeit mit Gewißheit einstellen werden. Wir haben erfahren, daß ein Pfarrer, besonders wenn er schon jahrzehntelang im Amt ist, diese beiden erwähnten Grundsätze nur dann zu befolgen lernt, wenn er die Kraft besitzt, mit scheinbaren oder tatsächlichen „Zumutungen“ fertig zu werden.

Wir möchten nun von einigen grundsätzlichen Erfahrungen unseres Pfarrers aus der Sicht der Eltern berichten.

Unser Pfarrer besaß, als wir mit unserem Versuch begannen, zu Kindern in der Kirche ein etwas einseitiges Verhältnis. Unruhige Kinder machten ihn nervös, ebenso Kinder, die umherliefen oder in der Bank Krabbelaktionen starteten. Nicht gut leiden konnte er es, wenn sich Kinder bis auf einen halben Meter dem Altar näherten. Unerträglich schien ihm zu sein, wenn die Kinder die Altardecke berührten oder wenn sie auf dem Altar eine Kerze abstellen wollten. Die eventuell an einigen Stellen beschmutzte Decke wurde plötzlich bedeutender als die kleinen Kinder, die möglichst nahe beim Pfarrer den Gottesdienst feiern wollten.

Schwierigkeiten bereitete unserem Pfarrer ferner die Kinderpredigt. Daß der theologische Gehalt eines Evangelientextes nur unter einem – oft nur oberflächlichen – Aspekt, nicht aber vielschichtig und allseitig dargeboten werden konnte, war intellektuell schnell eingesehen und bedurfte keiner weiteren Erörterung. So meinten wir zumindest. In der Predigtpraxis wirkte sich diese Einsicht nur begrenzt aus. Wenn ein Pfarrer jahrzehntelang in der Predigt Exegese betreibt und die Texte vorwiegend unter moralischen Gesichtspunkten auf das Verhalten der zuhörenden Christen bezieht, dann muß es ihm wohl schwer fallen, die Texte auf die Kinder wirken zu lassen, ohne noch besonders den Vorbildcharakter breit auszuwerten. Zudem kontrollierte unser Pfarrer anfänglich zu wenig seine Sprache im Blick auf die Kinder. Die vielen abstrakten und oft verschlissenen Formeln des konventionellen theologischen Begriffsapparates verfangen kaum noch bei Erwachsenen, um wieviel weniger bei fünf- bis siebenjährigen Kindern, für die gerade die Sprache nicht anschaulich genug sein kann.

Unser Pfarrer hat inzwischen auch in der Predigt einen guten Kontakt zu den Kindern gefunden. Er hat uns mehrfach berichtet, daß ihm besonders diese Predigten viel Vorbereitungszeit kosten, denn sie müßten nach Inhalt und sprachlicher Darbietung bis in den einzelnen Satz vorbedacht sein.

Einen zweiten Ursachenbereich, der zu Unstimmigkeiten zwischen Pfarrer und Eltern geführt hat, wollen wir zunächst allgemein ansprechen. Es handelt sich dabei um die Stellung des Pfarrers, der bekanntlich nicht aus seiner Gemeinde hervorgeht, sondern seiner Gemeinde vorgesetzt wird. Wir haben mehrfach zur Kenntnis nehmen müssen, daß ein Pfarrer von Strukturen der Amtskirche, wie Amtsverständnis, Theologie, Liturgierecht, bischöfliche Anweisungen, überkommene Sozialeinschätzung u. a., mehr bestimmt ist, als es den religiösen Bedürfnissen des Christen recht sein kann. Mit der Wahl des Begriffes ,,Amtskirche" wollen wir keine modische Kritik üben. Wir wollen nur betonen, daß ein gedeihliches Zusammenwirken von Pfarrer und Laien nur möglich ist, wenn sich die Gesprächspartner der Spannungen bewußt sind, die durch die Eigengesetzlichkeit des Kirchenapparates verursacht werden. Die Zusammenarbeit mit unserem Pfarrer in der Gruppe hat hinsichtlich dieser Problematik zwei notwendige Ergebnisse erbracht. Wir haben, erstens, aufgelockerte Liturgieformen entwickelt, die der Interessenlage unserer Kinder und dem Wesen einer gemeinsamen Mahlfeier gerecht werden. Zweitens ist unser Pfarrer in unserer Gruppe offener für unsere religiösen Bedürfnisse geworden. Es läßt sich ohne Übertreibung sagen: Unser Pfarrer denkt heute nicht nur für die Gruppe, sondern vor allem mit der Gruppe.

Wir fassen zusammen: Unser Pfarrer ist auf diesem etwas ungewöhnlichen Weg der Gemeindearbeit zunächst nur verhalten vorangeschritten. Das hing sicherlich mit seiner Ausbildung und mit seiner bisherigen Tätigkeit und Stellung als Pfarrer zusammen. Er konnte auch nicht diese existentielle Motivation für die religiöse Erziehung unserer Kinder besitzen wie wir Eltern. Zudem ist es zweifellos richtig, daß wir ihm aufgrund unseres Engagements und anderen Priesterbildes manches abgefordert haben, was er als Zumutung auffassen mußte. Es war schließlich auch für uns ein Lernprozeß, einzusehen, daß unsere Zielvorstellungen hinsichtlich der religiösen Zukunft unserer Kinder mit der Geschichte und Lehre unserer Kirche, vertreten durch unseren Pfarrer, in eine fruchtbare Spannung gebracht werden mußten. Spätestens seit den Wochen der Kommunionvorbereitung formte sich zwischen Pfarrer und Eltern ein von beiden Seiten bejahtes partnerschaftliches Verhältnis aus. Das war die entscheidende Voraussetzung dafür, daß der Erfolg unseres gemeinsamen Bemühens zunehmend greifbar wurde.

Ist unsere religiöse Arbeit erfolgreich?

Zu unseren Bemühungen, die Kinder religiös zu erziehen, ist kritisch angemerkt worden, daß wir sie übertrieben sensibilisieren, so daß sie in eine distanzierte Haltung gegenüber herkömmlicher Meßfeier und Religionsunterweisung geführt werden könnten. Mit dieser Möglichkeit müssen wir in der Tat rechnen. Wir hoffen allerdings, daß unsere religiöse Erziehung eine bewußte Bindung an die Gemeinde fördert, und sind zudem der festen Überzeugung, daß eine begründete kritische Einstellung gegenüber dem Geschehen in der Gemeinde dieser nur dienen kann.
Außerdem haben wir hinsichtlich unserer Zielvorstellungen bisher kein Alternativ-Modell kennengelernt. In konventionellen Formen weiterzuarbeiten, widerspricht unserem Verantwortungsgefühl.
Haben wir nun mit unserer Arbeit Erfolg? Diese Frage können wir bejahen. Mit Sicherheit wäre uns nicht der Gedanke gekommen, von unserer Tätigkeit zu berichten, wenn wir den Erfolg nicht greifen könnten. Das Hauptergebnis unserer Arbeit ist unsere Erkenntnis: Nicht als Einzelwesen, sondern als Glieder einer Gruppe erfahren wir die Tragfähigkeit unseres Glaubens nachhaltiger. Von den Ergebnissen im einzelnen, soweit sie in den Bereich unserer Gruppenarbeit gehören, haben wir auf den vorhergehenden Seiten schon berichtet. Zum Schluß möchten wir noch einige gute Erfahrungen knapp darlegen, die zwar ebenfalls ursächlich mit der Gruppenarbeit verbunden sind, doch sich vor allem auf das Familien- und Gemeindeleben ausgewirkt haben.

Unsere Kinder sind religiös aufgeschlossener geworden. Wir merken das z. B. daran, wie selbstverständlich sie beten oder wie gerne sie unsere Lieder aus dem Gottesdienst zu Hause singen (nicht selten an Stelle des Tisch- oder Abendgebets). Wir erkennen es ebenfalls daran, daß sie zum Teil verblüffende Fragen zu religiösen Themen stellen, ein Beweis dafür, daß sie über das in der Kirche Gehörte nachdenken. Die Kinder fühlen sich in unserer Kirche heimisch und haben ein recht persönliches Verhältnis zum Pfarrer gewonnen. Sie äußern ein Bedürfnis, zur Kirche zu gehen, und zwar nicht nur zu unseren Gottesdiensten, die nur einmal im Monat stattfinden, sondern ebenfalls zu den üblichen Sonntagsmessen. Wir haben bisher nicht feststellen können, daß ihnen diese Messen weniger wertvoll erscheinen. Sie unterscheiden davon „ihre“ Gottesdienste und scheinen vorerst als gegeben hinzunehmen, daß nicht jede Messe nach ihren Wünschen gestaltet sein kann. Übrigens sind unsere Kinder jetzt während der konventionellen Messen ruhiger und am liturgischen Geschehen interessierter; offensichtlich deshalb, weil sie inzwischen den Ablauf der Messe besser verstehen.

Wir Eltern haben durch die Gruppenarbeit Sicherheit gewonnen hinsichtlich des Bemühens, unsere Kinder religiös zu erziehen. Zudem sind wir geneigter, in der Gemeinde mitzuarbeiten. Das hängt sicherlich damit zusammen, daß wir aufgrund des engen Kontaktes mit dem Pfarrer viele seiner Probleme kennengelernt haben. Und weil er uns ernst nimmt, d. h. um Lösung unserer Probleme mit uns bemüht ist, fühlen wir uns umgekehrt gehalten, ihn zu unterstützen. Das drückt sich z. B. darin aus, daß wir in Gemeindeorganisationen mitarbeiten, mehrfach im Jahr mit der Gemeinde ,,unseren" Gottesdienst feiern und eine zweite Gruppe mit gleichen Zielvorstellungen aufbauen.

Praktischer Teil

Gottesdienst-Texte mit kurzen methodischen und didaktischen Einführungen

Die Gottesdienste sind so abgedruckt, wie sie tatsächlich stattgefunden haben. So entsprechen sie unserem Informations- und Erfahrungsstand zur Zeit des jeweiligen Gottesdienstes. Sie erheben in ihrer Gesamtheit weder den Anspruch auf eine Systematik, die andere inhaltliche Abfolgen ausschließt, noch den Anspruch abgerundeter Vollständigkeit. Vielmehr sind sie Produkte, die auf dem Wege unserer Überlegungen Monat für Monat entstanden sind. Sie enthalten Versuche, geglückte und weniger geglückte, und Kompromisse, die durch die Vielgestaltigkeit der unterschiedlich gewachsenen Persönlichkeiten unseres Kreises bedingt sind.

Jedem Gottesdienst sind einige Vorbemerkungen vorangestellt. Sie geben zum einen schlaglichtartig unsere Vorüberlegungen und Schwierigkeiten bei der Vorbereitung wieder, andererseits sind Feststellungen und Erfahrungsberichte eingeflossen, die sich bei der Nachbereitung, der Verwertung der gemachten Erfahrungen ergaben.
Insgesamt stellen wir mit einiger Befriedigung nach etwa zwei Jahren unserer Bemühungen fest, daß unsere Kinder – und auch deren Eltern – immer noch mit Freuden in die von uns vorbereiteten Gottesdienste gehen, ja daß sie sogar fragen: „Wann haben wir denn mal wieder Gottesdienst?"

Wortgottesdienst am Sonntag, 8. Oktober, 9.00 Uhr

Vorbemerkungen

Der erste Gottesdienst war eigentlich keiner im üblichen Sinne. Unsere Gottesdienste sollten in der Kirche stattfinden. Diese ist nun gerade für die Kinder ein Raum, der voll ist mit Neuigkeiten, Ungewohntem, Geheimnisvollem und Interessantem. Es hieße also den Kindern Zwang antun, wenn man sie in diesen Raum führte, ihnen aber nicht Gelegenheit geben wollte, ihn zu erobern. Zum einen wird durch das Anschauen, Erfragen, Begreifen im wahrsten Sinne die Kirche gleichsam in Besitz genommen. Es wird „unsere Kirche", die deutlich von den anderen Kirchen der Stadt, die man auch kennt, abgehoben wird. Eine Art „Heimatgefühl" wird aufgebaut.
Andererseits verlieren ja noch so fremdartige oder geheimnisvolle Gegenstände ihre Faszination, wenn man sie erst einmal kennt. So lenken sie bei den

folgenden Gottesdiensten nicht unnötig vom gestellten Thema ab, sondern ordnen sich gegebenenfalls dem jeweiligen Vorhaben unter.
Unser erster „Gottesdienst" ließ uns also erst einmal den riesigen Kirchenraum abschreiten, führte uns in die Sakristei, öffnete die Schränke und Laden und ließ uns durch Anfassen und Erklären mit den Geräten und Gewändern bekannt werden. Der Weg ging weiter in den Altarraum mit dem großen geschmückten Altartisch und dem wertvollen Tabernakelschränkchen. Um diesen Tisch versammelt, beteten Eltern und Kinder gemeinsam das Vaterunser. Es ist uns klar, daß dieses Gebet von den Kindern größtenteils nicht verstanden und nachvollzogen werden kann. Wichtig ist uns hier das Erlebnis des Aufgenommenseins in die Gemeinschaft der Betenden. Deshalb ist das Vaterunser feststehender Bestandteil eines jeden Gottesdienstes. Außerdem wurde im ersten Gottesdienst dem Altarraum der Charakter des Gebetsraumes gegeben. Mit dem Segen verließen wir die Kirche, gingen aber nicht auseinander, sondern kamen zu einem Glas Limonade im Gemeinderaum zusammen.

Thema: Unsere Kirche

1. Begrüßung
– Der Priester begrüßt Eltern und Kinder im Vorraum.

2. Gang durch den Kirchenraum

3. Besichtigung der Sakristei

4. Besichtigung des Altarraumes

5. Gemeinsames Vaterunser
– Eltern und Kinder bilden dabei einen Kreis um den Altar.

6. Segen

7. Auszug

Wortgottesdienst am Sonntag, 5. November, 9.00 Uhr

Vorbemerkungen

Bei einem Blick zurück vom Altarraum anläßlich des ersten Gottesdienstes wurde natürlich die Orgelempore von den Kindern als noch unerforscht festgestellt. Sie wurde nun diesmal bestiegen. Eine Lehrerin, die Orgel spielen kann, stand als Fachmann für das riesige Instrument zur Verfügung. Jeder durfte einmal „Orgel spielen" und den Liedanzeiger betätigen, ja aus von der Lehrerin mitgebrachten Orgelpfeifen konnten die Kinder selbst Töne erzeugen. Hier war nun wohl auch die Gelegenheit, das erste Lied einzuüben. Nachdem es einigermaßen bekannt war, zogen wir singend zum Altar, der wieder der Ort des gemeinsamen Gebetes (Vaterunser) war. Zum Auszug begleitete die Orgel unseren Gesang.

Thema: Die Orgel in unserer Kirche

1. Begrüßung

a) Verteilung der Orff'schen Instrumente
b) Der Priester begrüßt Eltern und Kinder im Vorraum.

2. Besteigung der Orgelempore
und Besichtigung der Orgel

3. Lied einüben:
Wir wollen singen für Gott, unsern Herrn.
Er schenkt uns Leben, wir danken ihm gern.

4. Einzug
– Die Kinder begleiten den Gesang
mit Orff'schen Rhythmusinstrumenten.

5. Gemeinsames Vaterunser
– Eltern und Kinder bilden einen Kreis um den Altar.

6. Segen

7. Auszug
Lied: Wir wollen singen . . .

Wortgottesdienst am Sonntag, 3. Dezember, 9.00 Uhr

Vorbemerkungen

Die Vorweihnachts- und Weihnachtszeit ist eine Hochzeit für die Kinder. Schwierig allerdings ist es heutzutage bei dem Überangebot an Reklame und kommerzieller Vorbereitung der Menschen auf dieses Fest der Geschenke, des großen Konsums, mit unseren Kindern den eigentlichen, den christlichen und religiösen Hintergrund zu erleben. Dieser Gottesdienst wie auch der folgende am Heiligen Abend sollten ein wenig dabei helfen.
Wir wollten zu Weihnachten mit unseren Kindern Geburtstag feiern, den Geburtstag von Jesus, der unser Freund sein will. Die Ereignisse um die Geburt Jesu, die Weihnachtsgeschichte also, sind für die Kinder höchst interessant. Hierzu gehört auch die Ankündigung der Geburt. Davon hörten wir heute am Beginn der Adventszeit. Es sollte der Versuch unternommen werden, die Kinder den Advent als die Zeit der Vorfreude auf das große Ereignis, wie es Maria als werdende Mutter empfunden haben mag, spüren zu lassen.

Gleichzeitig aber sollte Advent auch Vorbereitungszeit sein auf das Geburtstagsfest Jesu, das wie jede Geburtstagsfeier der äußerlichen und auch innerlichen Vorbereitung bedarf.

Thema: Die Verkündigung der Geburt Jesu an Maria

1. Begrüßung

a) Verteilung der Orff'schen Instrumente
b) Der Priester begrüßt Eltern und Kinder im Vorraum.

2. Einzug
Lied:
Wir wollen singen für Gott, unsern Herrn.
Er schenkt uns Leben, wir danken ihm gern.

3. Entzünden der ersten Adventskerze

4. Verkündigung

a) Lesung (nach Lk 1, 26–38)
Ein Bote Gottes kam zu Maria. Er begrüßte sie: ,,Gegrüßet seist du, Maria. Gott hat dich besonders lieb. Du sollst einen Sohn zur Welt bringen. Das wird der

Sohn Gottes sein. Er soll den Namen Jesus bekommen!" Maria freute sich sehr. Sie sagte: „Wenn Gott es will, so will ich es auch."

b) Gespräch
Die Adventszeit ist die Zeit der Vorfreude auf das große Ereignis der Geburt Jesu, biblisch offenbar an Maria, als werdender Mutter.

5. Lied: Wir wollen singen. . .
– Eltern und Kinder stellen sich um den Altar.

6. Vaterunser

7. Segen

8. Auszug
Lied: Wir wollen singen. . .

Messe am Sonntag, 24. Dezember, 15.00 Uhr

Vorbemerkungen

Eine Messe für vier- bis sechsjährige Kinder: ist das möglich? Sicher nicht nach so kurzer Vorbereitung von drei Wortgottesdiensten. Und dennoch wollten wir es versuchen. Zum einen schien uns die Bedeutung des Festes der Geburt des Herrn nach mehr als nur einem kleinen Wortgottesdienst zu verlangen. Zum anderen wollten wir Eltern unsere Weihnachtsmesse feiern, verständlicherweise zusammen mit der ganzen Familie. Und schließlich wollten wir alle Vorschulkinder der Stadt und deren Eltern dazu einladen, da wir auch anderen jungen Familien diesbezüglich entgegenzukommen hofften.
So sollte es eine Messe für die Eltern sein, die gleichzeitig die Kinder nicht über die Maßen überforderte, für sie interessant und in großen Teilen auch nachvollziehbar wäre.

Vorbereitet waren die Kinder unseres Kreises dadurch, daß während der Adventszeit am Weihnachtsfries die Geschichte der Geburt Jesu immer wieder besprochen worden war. Dabei hatten die Eltern versucht, ihren Kindern den Begriff Heiland (= Erlöser, Retter, Heilbringer; Heiland ist eine althochdeutsche Form, heute würde man der „Heilende" sagen; heilen = gesund, heil machen, erretten) zu erklären. Ebenso waren dazu die Lieder gesungen worden, die auch in der Messe gebraucht werden sollten.

Die Krippe in der Kirche war ein gutes Anschauungsmittel, an dem sich ein Gespräch nach der Verkündigung der Weihnachtsbotschaft entzünden konnte.
Wir versuchten, die Gebete für die Kinder verstehbar, den Kanon so kurz wie möglich zu machen. Schwierigkeiten tauchten auf bei der Kommunion, an der unsere Kinder ja nicht teilnehmen konnten. Wir lösten dieses Problem, indem die Kinder statt des Brotes ein Bild mit einer Weihnachtsdarstellung erhielten. So hatten sie wie die Großen etwas empfangen, außerdem konnte die Zeit, in der die übrigen Leute kommunizierten, mit einem Gespräch über dieses Bild innerhalb der einzelnen Familien sinnvoll überbrückt werden.

Für die Kinder war diese Messe ein Erlebnis, das uns bestärkte, den Versuch in den nächsten Jahren zu wiederholen.

*Thema: Jesus ist in die Welt gekommen. Wir feiern seinen Geburtstag.
Er will unser Freund sein.*

1. Begrüßung

a) Verteilung der Orff'schen Instrumente
b) Der Priester begrüßt Eltern und Kinder im Vorraum.

2. Lied
Er kam zu uns, er kam zu uns,
er kam zu uns in uns're Welt.
Jesus will jetzt unser Freund sein.
Er kam zu uns in uns're Welt.

3. Tagesgebet
Wir beten, daß Gott heute alle Menschen glücklich macht! – Gott, du unser lieber Vater! Wir denken heute besonders an Jesus, deinen Sohn. Er ist immer bei dir, doch er gehört auch zu uns. Er ist ein Mensch wie wir, unser Freund. Wir können jetzt durch Jesus mit dir reden. Und da bitten wir dich: Mache die armen Menschen in der Welt wieder glücklich und froh. So beten wir durch Jesus, der bei dir ist und bei uns ist, früher und heute und bis in Ewigkeit.

4. Verkündigung
a) Lesung
Vorbemerkung: Im letzten Gottesdienst haben wir gehört, daß ein Bote Gottes Maria mitteilte, daß sie den Sohn Gottes zur Welt bringen sollte. Heute wollen wir hören, wie das passiert ist. (gekürzt nach Lk 2, 1–20)

Jesus und Maria gehen nach Betlehem. Der Weg ist weit. Sie müssen in Betlehem in einem Stall schlafen. Dort bekommt Maria ein Kind. Sie wickelt es in Windeln und legt es in eine Futterkrippe. In der Gegend von Betlehem ist ein Feld. Dort hüten Hirten ihre Schafe. Die Hirten sind im Dunkel. Da tritt ein Bote Gottes zu ihnen, und es wird hell. Die Hirten staunen: Wie kann es nachts plötzlich so hell sein? Der Bote Gottes spricht: Habt keine Angst. Ich bringe euch und allen Menschen Freude. Für euch ist heute Jesus geboren, der Heiland. Ihr werdet ihn in einer Krippe, in Windeln gewickelt, finden. Als der Bote fort ist, sprechen die Hirten untereinander: Welch eine Geschichte ist das: Der Heiland? Ein Kind, für uns geboren? In Betlehem? – Das müssen wir sehen! Kommt, laßt uns laufen nach Betlehem! Sie lassen die Schafe allein zurück und laufen nach Betlehem. Sie finden Maria und Josef und das Kind. Es liegt in der Krippe, in Windeln gewickelt. Und sie knien nieder und beten es an. Als sie das Kind gesehen haben, sind die Hirten froh: Da laufen sie hin und sagen es auch anderen Menschen.

b) Gespräch
Wir freuen uns über die Geburt Jesu und feiern diesen Tag mit Geschenken. Auch die, denen es nicht so gut geht wie uns, wollen wir nicht vergessen.

c) Lied
Zu Betlehem geboren ist uns ein Kindelein.
Das hab ich auserkoren, sein eigen will ich sein.
Eja, eja, sein eigen will ich sein.

5. Gabenbereitung

a) Gabengebet
Gott, du schenkst uns so viel. Wir wollen dir danken. Wir bringen dir Brot und Wein – und unser gesammeltes Geld. Wir möchten, daß auch die Armen heute froh sind. Sie sollen merken, wie gut Jesus zu ihnen ist. Das laß heute geschehen durch Jesus Christus, unsern Herrn.

b) Gabenprozession
(Die Kinder bringen in selbstgebastelten Opferkästchen gespartes Geld für notleidende Kinder zum Altar.)

6. Präfation

7. Lied
Wir wollen singen für Gott, unsern Herrn.
Er schenkt uns Leben, wir danken ihm gern.

8. Hochgebet

9. Tischgebet
Vater unser. . .
– Die Kinder stellen sich dazu um den Altar.

10. O Herr, ich bin nicht würdig . . .

11. Mahl
– Die Vorschulkinder erhalten ein Bild, über das die Eltern anschließend mit ihnen sprechen können.

12. Dankgebet
Du guter Gott, wir haben heute gemerkt: Du liebst uns und alle Menschen. Am Altar hast du unseren Eltern und uns ein Zeichen deiner Liebe geschenkt. Wir danken dir. Heute sollen alle Menschen spüren: Durch Jesus können wir alle gut zueinander sein. Jesus sagt uns: Habt euch so lieb, wie ich euch alle liebe. Hilf uns bitte dabei. Amen.

13. Segen

14. Auszug
Lied: Er kam zu uns. . .

Wortgottesdienst am Sonntag, 28. Januar, 9.00 Uhr

Vorbemerkungen

Nachdem der Kirchenraum von den Kindern in Besitz genommen, zu Weihnachten die Person Jesus den Kindern eindringlich in den Blick gerückt worden war, ferner die Kinder zumindest zu dem Kind Jesus auch einen emotionalen Bezug gewonnen hatten, stellte sich die Frage: Und wie jetzt weiter? Sinnvoll erschien es, die Wortgottesdienste grundsätzlich inhaltlich zusammenhängen zu lassen, um vom einen zum anderen Wortgottesdienst Brücken schlagen und so dem „Unternehmen Gottesdienst" ein wenig innerliche Spannung verleihen zu können.
Wir wollten es mit einer Art kleinem Jesus-Lehrgang versuchen, wobei der Inhalt: „Jesus, unser Freund" das Fundament sein sollte. Der Begriff Freund schien uns sowohl gedanklich als auch gefühlsmäßig vom Erfahrungsbereich

der Kinder her für diese leicht nachvollziehbar. Über diesen Begriff glaubten wir zur Person Jesus vordringen zu können.
Daher steht am Anfang dieses „Jesus-Lehrganges" die Perikope von der Berufung der ersten Jünger (Mt 4, 18–22) unter dem Thema: „Jesus sucht sich Freunde."

Zur Vorbereitung wurde der Beruf des Fischers zu Hause ausgiebig erklärt, so daß ein sachliches Vorverständnis gegeben war. Während des Gottesdienstes konnte mit Hilfe eines Wandfrieses zu diesem Thema die Geschichte anschaulich dargeboten werden.
Die Aussage dieses Gottesdienstes wurde in dem Lied: „Jesus ruft: Komm her zu mir" zusammengefaßt. Um es auch zu einer Aussage der Kinder zu machen, wurde das Lied vorweg eingeübt und dabei vor allem der Begriff „bereit" erläutert.

Thema: Jesus sucht sich Freunde. Er will unser Freund sein.

1. Begrüßung

a) Verteilung der Orff'schen Instrumente
b) Der Priester begrüßt Eltern und Kinder im Vorraum.

2. Einzug
Lied:
Jesus ruft: Komm her zu mir. Halleluja.
Meine Freundschaft schenk ich dir. Halleluja.

Er hat immer für uns Zeit. Halleluja.
Jesus, sieh, wir sind bereit. Halleluja.

3. Anzünden der Altarkerzen
– Erläuternde Worte des Priesters dazu

4. Lied
Er kam zu uns, er kam zu uns,
er kam zu uns in uns're Welt.
Jesus will jetzt unser Freund sein.
Er kam zu uns in uns're Welt.

5. Gebet
Jesus, du hast uns lieb und willst unser bester Freund sein. Du möchtest, daß

auch wir deine Freunde werden. Laß uns richtig verstehen, daß du uns rufst, damit wir deine Freunde und so auch untereinander Freunde werden können. Amen.

6. Verkündigung

a) Lesung (nach Mk 1, 16–20)
Jesus wandert am See Gennesaret entlang. Er erzählt den Leuten vom Reich Gottes. Da sieht er zwei Brüder: Da ist Petrus, und da ist sein Bruder Andreas. Sie werfen ein großes Netz ins Wasser. Sie wollen Fische fangen. Da sagt Jesus zu ihnen: Kommt und folgt mir, ich habe eine andere Arbeit für euch! Sofort verlassen sie ihr Boot und ihr Netz. Sie ziehen nun mit Jesus weiter. Da sehen sie noch zwei Brüder: Jakobus, den Sohn des Zebedäus, und seinen Bruder Johannes. Sie flicken gerade mit ihrem Vater im Boot ein Netz. Auch sie ruft Jesus. Sofort verlassen sie ihr Boot und ihren Vater. Auch sie folgen Jesus und gehen mit ihm.

b) Gespräch
Jesus sucht sich Freunde. Wir sollten bereit sein, seine Freunde zu werden.

7. Lied: Jesus ruft: Komm her zu mir. . .
– Eltern und Kinder stellen sich um den Altar.

8. Vaterunser

9. Segen

10. Auszug
Lied: Er kam zu uns. . .

Wortgottesdienst am Sonntag, 25. Februar, 9.00 Uhr

Vorbemerkungen

Mit diesem Gottesdienst sollte ein weiterer Schritt in dem Kennenlernen der Person Jesus erfolgen. So wird das Grundthema: „Jesus will unser Freund sein" in den Texten zum heutigen Gottesdienst – dasselbe gilt auch für die zwei folgenden – um einen Gedanken erweitert: „Jesus begegnet Menschen. Bei diesen Menschen ändert sich etwas zum Guten." Dem ordnet sich der Text von der Blindenheilung unter.

Blindsein kann man für die Kinder zumindest annähernd erfahrbar machen, indem sie diese Situation mit geschlossenen Augen oder bei Dunkelheit nacherleben und indem man diese Erlebnisse durch Gespräche erläutert und ergänzt. Das war als Vorbereitung zu Hause vorweg geleistet worden.

Thema: Jesu heilt den blinden Bartimäus.

1. Begrüßung

a) Verteilung der Orff'schen Instrumente
b) Der Priester begrüßt Eltern und Kinder im Vorraum.

2. Einzug
Lied:
Er kam zu uns, er kam zu uns,
er kam zu uns in uns're Welt.
Jesus will jetzt unser Freund sein.
Er kam zu uns in uns're Welt.

3. Anzünden der Altarkerzen

4. Gebet
Jesus, uns geht es sehr gut. Wir können laufen, spielen, alles anschauen. Das ist schön, und wir sagen Dank. Laß uns auch die sehen und die nicht vergessen, denen es nicht so gut geht wie uns. Amen.

5. Verkündigung
a) Lesung (nach Mk 10, 46–52)
Jesus geht nach Jerusalem. Dabei zieht er durch die Stadt Jericho. Viele Menschen laufen ihm nach. Am Wege sitzt der blinde Bartimäus. Weil er nicht sehen kann, kann er nicht arbeiten. Daher muß er betteln. Nun wartet er auf Jesus. Er möchte nicht mehr blind sein. Bartimäus hört, daß Jesus näher kommt. Er ruft laut: Hilf mir! Auch ich möchte dich und die anderen Menschen sehen und die Sonne, die Blumen und die Tiere. Doch die Leute bei Jesus schimpfen mit ihm: Sei still, du Bettler! Doch er schreit viel lauter als vorher: Jesus, hilf mir doch! Jesus hört ihn. Er bleibt stehen und sagt: Bringt mir den Blinden her! Sie führen ihn zu Jesus. Jesus fragt: Was willst du von mir? Der blinde Bartimäus fleht Jesus an: Ich möchte sehen können! Jesus antwortet: Ich weiß, du glaubst an mich. Deshalb sollst du auch sehen können. Da kann er sehen. Er sieht Jesus und die anderen Menschen, die Sonne, die Blumen und die Tiere. Voller Freude begleitet er Jesus auf dem Weg nach Jerusalem.

b) Gespräch
Jesus stößt die Kranken nicht von sich. Er geht zu ihnen und macht sie gesund.
Anschauungsmittel: Wandfries zum Thema „Sehend werden"

c) Lied: Kommt, sagt es allen Leuten (siehe S. 122)

6. Fürbitten
– Antwortruf: Jesus, höre uns!
– Die Fürbitten werden vom Priester, einigen Eltern und eventuell Kindern frei formuliert, z. B.: Wir bitten für alle Menschen, die blind sind, für alle kranken Menschen, für alle, die traurig sind, usw.

7. Lied
Jesus ruft: Komm her zu mir. Halleluja.
Meine Freundschaft schenk ich dir. Halleluja.

Er hat immer für uns Zeit. Halleluja.
Jesus, sieh, wir sind bereit. Halleluja.

– Eltern und Kinder stellen sich um den Altar.

8. Vaterunser

9. Segen

10. Auszug
Lied: Er kam zu uns. . .

Wortgottesdienst am Sonntag, 25. März, 9.00 Uhr

Vorbemerkungen

Sich bewegen zu können, laufen, springen und toben zu können, gehört zu den wichtigsten Möglichkeiten kindlicher Aktivität. Ist diese Fähigkeit eingeschränkt, bedeutet dies für das Kind großes Unglück: Es ist in seinen Spielmöglichkeiten beschnitten, vor allem aber empfindet es sich als ausgestoßen, da es mit den anderen Kindern nicht mithalten kann. Diese Erfahrung haben unsere Fünfjährigen alle schon einmal gemacht. So wird es für sie leicht sein, sich mit dem Lahmen aus Kafarnaum zu identifizieren.
Jesus gibt diesem Lahmen seine Gesundheit und damit die Möglichkeit zum

normalen Leben unter den anderen Menschen zurück. Er sieht das subjektive Unglück dieses armen Menschen und kehrt es zum Guten. So läßt sich diese Perikope der Aussage unterordnen: Jesus ist der gute Freund. Menschen, die Jesus begegnen, werden zum Guten verändert.
Da die Kinder durch diese Geschichte stark angesprochen werden, können sie den Hinweis auf ihre eigene glückliche Situation und den auf die unglückliche von z. B. behinderten Kindern nachvollziehen. So sind sie leichter in der Lage, spontan Fürbitten zu formulieren bzw. das Danklied: „Daß ich springen darf. . ." bewußt und beteiligt zu singen. Dieses Lied wurde vorher eingeübt, da es von der Melodie her für die Kinder dieser Altersstufe Schwierigkeiten bereitet. Der Text ist verständlich und hat den Vorteil, daß er von den Kindern selbst nach eigenen Bedürfnissen und Ideen durch Austauschen der Tätigkeitswörter verändert werden und so zu ihrem Eigentum werden kann.
Als Anschauungsmittel verwendeten wir ein Flanellbild zum Thema. Die einzelnen Personen und Gegenstände aus dünnem Karton sind auf der Rückseite so beschichtet, daß sie auf einer Flanelltafel haften. Da sie als Einzelteile und nicht als geschlossenes Bild vorhanden sind, kann man entlang dem Erzählvorgang ein entsprechendes Bild entstehen lassen. Außerdem sind auch die Kinder in der Lage, in Gemeinschaftsarbeit ein Bild zusammenzustellen.

Thema: Jesus heilt den Lahmen.

1. Begrüßung

a) Verteilung der Orff'schen Instrumente
b) Der Priester begrüßt Eltern und Kinder im Vorraum.

2. Einzug
Lied: Kommt, sagt es allen Leuten (siehe S. 122)

3. Anzünden der Altarkerzen

4. Gebet
Jesus, wir können uns darüber freuen, daß wir gesund sind. Denn so können wir mit anderen rennen, spielen, uns unterhalten. Es ist schlimm, wenn man gelähmt ist und immer zuschauen muß, wenn andere Kinder toben. Laß alle, die krank sind, nicht verzweifeln, und laß uns auf sie nicht vergessen. Amen.

5. Lied
Wir wollen singen für Gott, unsern Herrn.
Er schenkt uns Leben, wir danken ihm gern.

6. Verkündigung

a) Lesung (nach Mk 2, 1–12)
Jesus kam nach der Stadt Kafarnaum. Die Leute dort kannten ihn und erzählten sich: Er ist in dem Haus, wo er immer bleibt. Da kamen die Menschen von überallher, um zu hören, was er von Gott erzählte. So viele drängten in das Haus, daß nirgendwo mehr Platz war, nicht einmal vor der Tür.
Ein Mann, der ganz gelähmt war, der Arme und Beine nicht bewegen konnte, wurde von seinen vier Freunden auf einer Trage gebracht. Die Freunde wollten ihn zu Jesus bringen, weil sie glaubten, daß er dem Lahmen hilft. Doch wegen der vielen Menschen kamen sie nicht ins Haus hinein. Doch sie wollten zu Jesus. Und weil keiner sie durchließ, stiegen sie mit der Trage und dem lahmen Mann über eine Treppe auf das flache Dach des Hauses. Sie durchbrachen das Dach und machten ein großes Loch. Mit Stricken ließen sie die Trage durch das Loch hinunter genau vor Jesus. Jesus sah, wie der Lahme und die vier Freunde ihn bittend anschauten und darauf hofften, daß er helfen würde. Da sagte er: „Lahmer, steh auf! Nimm deine Trage und geh." Der Lahme stand tatsächlich auf. Er konnte sich wieder bewegen. Er nahm seine Trage und ging glücklich hinaus. Die Leute sprachen zueinander: „So etwas haben wir noch nie gesehen."

b) Im Gespräch wird mit Hilfe der Flanellbilder die Geschichte aufgearbeitet.

c) Lied: Daß ich springen darf und mich freuen, 1. und 2. Strophe (siehe S. 123)
– Durch Einsetzen anderer Tätigkeitswörter wie sehen, sprechen, laufen usw. können die Kinder selbst neue Strophen hinzufügen.

7. Fürbitten
– Antwortruf: Jesus, höre uns!
– Die Fürbitten sollen nach einer Vorbereitung im Gespräch von einigen Kindern vorgetragen werden.
z. B.: Wir wollen bitten für alle, die sich nicht so bewegen können wie wir. Wir wollen bitten für alle, die durch einen Unfall körperbeschädigt sind usw.

8. Lied
– Eltern und Kinder stellen sich um den Altar.

Jesus ruft: Komm her zu mir. Halleluja.
Meine Freundschaft schenk ich dir. Halleluja.

Er hat immer für uns Zeit. Halleluja.
Jesus, sieh, wir sind bereit. Halleluja.

9. Vaterunser

10. Lied: Daß ich springen darf. . .

11. Segen

12. Auszug
Lied: Kommt, sagt es allen Leuten (siehe S. 122)

Wortgottesdienst am Sonntag, 6. Mai, 9.00 Uhr

Vorbemerkungen

Neben einer äußerlichen Veränderung bei einem Menschen (Heilung von einem Gebrechen) durch die Begegnung mit Jesus geht es immer auch um die Veränderung zum Guten im geistigen Bereich. Die Perikope vom Oberzöllner Zachäus erschien uns als ein Beispiel, das von unseren Kindern sowohl verstanden als auch nachvollzogen werden konnte. Der Nachvollzug konnte vor allem in der Möglichkeit der Identifikation mit der Person des Zachäus bestehen, der in einer ähnlichen Situation geschildert wird, wie Kinder sie häufig erleben: klein, nicht ernst genommen, gar verachtet.
Wir hielten es daher für notwendig, die Geschichte den Kindern in aller Ausführlichkeit und Anschaulichkeit darzubieten, wobei der entsprechende Wandfries die Anschaulichkeit noch unterstützte. Hinzukommen mußte als häusliche Vorbereitung, den sachlichen Hintergrund zu klären: Beruf des Zöllners, die Römer als Besatzungsmacht.
Schließlich sollte diese Form, eine Perikope in solcher Ausführlichkeit als Geschichte den Kindern zu erzählen, ein Versuch sein, inwieweit die Kinder dieses Alters in der Lage und bereit sind, längere Texte zu überschauen und zu verarbeiten. Nachträglich ist dieser Versuch als gelungen zu bezeichnen. Besser wäre es allerdings gewesen, wenn die Geschichte den Kindern von der häuslichen Vorbereitung her schon bekannt gewesen wäre. Wahrscheinlich wäre dann beim Gespräch im Gottesdienst der Schwerpunkt der Geschichte, die Veränderung des Zachäus, nicht so stark von den emotional mehr ansprechenden Begleitumständen überlagert gewesen.

Thema: Jesus kehrt beim Oberzöllner Zachäus ein.
Zachäus ändert sein Leben.

1. Begrüßung

a) Verteilung der Orff'schen Instrumente
b) Der Priester begrüßt Eltern und Kinder im Vorraum.

2. Einzug
Lied: Kommt, sagt es allen Leuten (siehe S. 122)

3. Anzünden der Altarkerzen

4. Verkündigung

a) Lesung, erster Teil
Jesus war auf dem Weg nach Jerusalem. Er zog mit den Jüngern hinauf. Sie kamen an die Stadt Jericho. Und Jesus ging hinein. Er zog hindurch. Da kamen die Menschen. Alle wollten ihn sehen. Viele gingen mit auf der Straße. Andre standen am Wege. Alle wollten Jesus sehen. – Und siehe, da war ein Mann:

Der war vom Zoll, ein Oberzöllner. Der hieß mit Namen Zachäus. Der war sehr reich und auch gekommen. Auch er wollte Jesus sehen. Er wollte sehen, wer Jesus war. Doch er konnte es nicht. Er war zu klein. Die Leute standen so dicht an der Straße. Sie ließen ihn nicht durch. Er versuchte es. Sie ließen ihn nicht. Sie sahen ihn nicht einmal an. Sie verachteten ihn. Sie haßten ihn. Zachäus war ja ein Zöllner, der Oberzöllner von Jericho.
Er hatte Unterzöllner. Die saßen an der Grenze der Stadt und nahmen Geld von den Leuten. Jeder, der über die Grenze ging mit Waren, der zahlte Geld. Das war der Zoll. Der war für die Römer. Die waren die Herren im Land. Doch die Zöllner nahmen mehr Geld von den Leuten als die Römer haben wollten. Den Rest behielt Zachäus für sich. – Zachäus liebte das Geld.
Es gingen viele über die Grenze. Und alle wurden betrogen. Zachäus war reich von dem Geld der Leute. Er war ein Betrüger. Das wußten sie wohl. Doch sie konnten nichts machen gegen Zachäus. Er war ein Freund der Römer. Sie haßten ihn aber: Er ist ein Dieb. Er ist ein Zöllner, ein Sünder. Der gehört nicht zu uns, zu Abrahams Volk, zu Gottes Volk, der nicht.
Und Zachäus wollte Jesus sehen. Er wollte sehen, wer Jesus war. – Er konnte es nicht. Sie ließen ihn nicht. Er konnte nichts sehen: Er war zu klein. Er wollte es aber. Er wollte ihn sehen.
Da lief er die Straße voraus. Dort stand ein Maulbeerfeigenbaum. Der hatte breite Äste. Und Zachäus stieg den Baum hinauf. Und oben blieb er sitzen. Er wußte: Hier kommt Jesus vorbei. Hier kann ich ihn sehen, ganz sicher: Jetzt kann ich sehen, wer Jesus ist. Ich muß nur warten: Er kommt.
Und Jesus kam und mit ihm das Volk. Sie kamen an die Stelle, wo Zachäus auf

dem Baume saß. Da geschah es. Der Herr hob die Augen. Er sah zu ihm auf. Er sah ihn an. – Gott sah Zachäus an.

Erklärt werden sollte von den Eltern:
- Jericho als eine Stadt auf dem Weg nach Jerusalem
- Beruf Zöllner
- Herrschaftsverhältnisse zur Zeit Jesu: Römer als Besatzungsmacht

b) Gespräch – nach dem ersten Teil der Lesung
- in den Hauptpunkten zusammenfassen,
- Kinder vermuten den möglichen Ausgang der Geschichte.

c) Lesung, zweiter Teil
Da sprach der Herr: Ich muß zu dir. Zachäus, komm herab. Heute komme ich in dein Haus. Ich bleibe bei dir, heute. Da wurde Zachäus von Freude erfüllt: Der Herr kommt in mein Haus. Da stieg er herab, so schnell er konnte, und kam zu Jesus und ging mit ihm. Er brachte Jesus in sein Haus und nahm ihn auf mit Freuden.
Die Menschen aber, die all das sahen, die wurden böse und murrten: In dieses Haus geht Jesus hinein? Er geht zu dem Betrüger? Was will er bei diesem Verbrecher?
Zachäus aber freute sich: Zu mir ist der Herr gekommen. Er bleibt bei mir. Ich bin so froh. Alles ist anders geworden. Da trat er vor Jesus hin und sprach: Herr, du mein Gott, ich habe betrogen. Ich will es nicht mehr, von heute ab nicht mehr. Sieh, Herr, die Hälfte meiner Güter, die will ich den Armen geben. Und jeden, den ich um Geld betrog, dem gebe ich viermal soviel zurück. Das Vierfache will ich ihm wiedergeben. Von heute an will ich das tun.
(Nach Lk 19, 1–8, entnommen aus: Steinwede, Zu erzählen deine Herrlichkeit, Vandenhoeck & Ruprecht / Verlag J. Pfeiffer, Göttingen / München, S. 74 f.)

d) Lied
Jesus ruft: Komm her zu mir. Halleluja.
Meine Freundschaft schenk ich dir. Halleluja.

Er hat immer für uns Zeit. Halleluja.
Jesus, sieh, wir sind bereit. Halleluja.

5. Gebet
Jesus, wir wissen, wie schlimm es ist, wenn wir allein sind, wenn niemand uns leiden kann. Es gibt viele Menschen, um die sich niemand kümmert. Wir wissen, daß du als unser Freund bei uns bist. Laß auch uns für andere Menschen, die uns brauchen, da sein. Amen.

6. Lied
Er kam zu uns, er kam zu uns,
er kam zu uns in uns're Welt.
Jesus will jetzt unser Freund sein.
Er kam zu uns in uns're Welt.

– Eltern und Kinder stellen sich um den Altar.

7. Vaterunser

8. Segen

9. Auszug
Lied: Kommt, sagt es allen Leuten (siehe S. 122)

Eine gute Möglichkeit zur Veranschaulichung der Perikope ist die Dia-Reihe ,,Zachäus'' aus der Folge: ,,Biblische Palette'', Württ. Bibelanstalt, Stuttgart.

Wortgottesdienst am Sonntag, 20. Mai, 9.00 Uhr

Vorbemerkungen

Nach vier Gottesdiensten mit demselben Grundthema: ,,Jesus und die Menschen um ihn'' erschien es uns zweckmäßig, diese Thematik einmal ruhen zu lassen, um einer Fixierung von Gedankenmustern beim Auftauchen des Namens Jesus bei den Kindern vorzubeugen. Wir stellten vereinzelt bei unseren Kindern dergleichen fest.
Neben den Wunderberichten spielen als weitere Gattung die Gleichnisse im NT eine hervorragende Rolle. Am Beispiel des Gleichnisses vom verlorenen Sohn wollten wir einmal probieren, inwieweit Gleichnisse Kindern dieser Altersstufe überhaupt nahezubringen sind, ob sie in der Lage sind, die bildhafte Situation auf eine konkrete Situation zu übertragen.

Das Gleichnis vom verlorenen Sohn hielten wir für geeignet, da es vom Inhalt her dem Lebensbereich der Kinder gut zu entsprechen schien, also für sie verstehbar sein würde. Ein liebender, verständnisvoller, verzeihender Vater ist für sie ein Alltagserlebnis. Außerdem täte sich hier die Möglichkeit auf, das Vaterunser zumindest von der Anrede her den Kindern in den Blick zu rücken und vielleicht ein wenig aufzuschlüsseln.
Obwohl den Kindern die Geschichte vor dem Gottesdienst zu Hause erzählt

und mit ihnen besprochen worden war, waren sie nicht in der Lage, sie im Gottesdienst mit Hilfe des Wandfrieses zu rekonstruieren. Das lag zum einen am Anschauungsmittel – der Wandfries ist zu abstrakt in der Darstellung –, zum anderen aber wohl daran, daß schon das Gleichnis von den Kindern nicht verstanden worden war. Der Sohn, der fortgeht, der „verloren geht", war für sie nicht nacherlebbar und so dann auch das Verhalten des Vaters unverständlich. Eine Übertragung dieses Bildes gar auf Gott als Vater konnte somit erst recht nicht geleistet werden.
Wir nahmen uns vor, zu einem späteren Zeitpunkt einen erneuten Versuch zu machen. Eine größere Reife der Kinder mußte wohl abgewartet werden, wie auch das methodische Vorgehen neu überdacht und die Geschichte, der Text, vereinfacht werden mußte.

Thema: Das Gleichnis vom verlorenen Sohn und vom liebevollen Vater

1. Begrüßung
a) Verteilung der Orff'schen Instrumente
b) Der Priester begrüßt Eltern und Kinder im Vorraum.

2. Einzug
Lied: Kommt, sagt es allen Leuten (siehe S. 122)

3. Anzünden der Altarkerzen

4. Verkündigung

a) Erarbeitung des Gleichnisses mit Hilfe des Wandfrieses „Von der Liebe des Vaters"
b) Lesung (nach Lk 15, 11–32, entnommen den Erläuterungen zum Wandfries „Von der Liebe des Vaters")

5. Gebet
Wir wollen beten! Lieber Vater im Himmel, wir haben gerade eine Geschichte von einem guten und lieben Vater gehört. Wir haben auch einen Vater und eine Mutter, die uns sehr lieb haben. Wir danken dafür. Amen.

6. Lied
Er kam zu uns, er kam zu uns,
er kam zu uns in uns're Welt.
Jesus will jetzt unser Freund sein.
Er kam zu uns in uns're Welt.

– Eltern und Kinder stellen sich um den Altar.

7. Vaterunser
Du bist so gut zu uns und hast uns so lieb, wie ein Vater. Deshalb dürfen wir zu dir sprechen: Vater unser. . .

8. Segen

9. Auszug
Lied: Kommt, sagt es allen Leuten (siehe S. 122)

Wortgottesdienst am Sonntag, 24. Juni, 9.00 Uhr

Vorbemerkungen

Einen weiteren Versuch, das Verständnis und die Aufnahmebereitschaft und -möglichkeit unserer fünfjährigen Kinder zu erforschen, machten wir in diesem Gottesdienst. Inwieweit verstehen sie Geschichten aus dem Alten Testament, inwieweit machen solche Geschichten für Kinder dieses Alters nacherlebbare Aussagen über Gott und dessen Wirken mit den Menschen?

Für dieses Anliegen schien uns die Geschichte von David und Goliat geeignet, da sie dem Bedürfnis der Kinder, sich mit dem Helden identifizieren zu können, entgegenkommt. Außerdem entspricht sie dem für Kinder typischen Denken in Gegensatzpaaren: groß – klein, stark – schwach, mächtig – hilflos, dumm – schlau. Es konnte nicht darauf ankommen, den theologischen Gehalt dieser Episode in allen Einzelheiten herauszuarbeiten. Wichtig war für uns die Aussage: Gott steht auf der Seite der Schwachen.
Wie vermutet, stürzten sich die Kinder während des Gottesdienstes mit Begeisterung auf den Wandfries zu diesem Thema, erfaßten richtig die dargestellte Situation und leisteten schließlich aus Überzeugung die Verallgemeinerung: Wir können auf Gottes Hilfe vertrauen.

Thema: David und Goliat. Gott hilft dem, der auf ihn vertraut.

1. Begrüßung

a) Verteilung der Orff'schen Instrumente
b) Der Priester begrüßt Eltern und Kinder.

2. Einzug
Lied: Kommt, sagt es allen Leuten (siehe S. 122)

3. Anzünden der Altarkerzen

4. Verkündigung

a) Erarbeitung und Versuch einer Deutung der Geschichte aus dem AT mit Hilfe des Wandfrieses „David und Goliat“
b) Lesung (nach 1 Sam 17, entnommen den Erläuterungen zum Wandfries)

5. Gebet
Wir wollen beten! Guter Gott, der kleine David hatte keine Angst, weil er auf dich vertraute. So wie du ihm geholfen hast, hilf auch uns, wenn wir nicht mehr weiter wissen. Denn auch wir vertrauen darauf, daß du uns lieb hast. Amen.

6. Lied
Er kam zu uns, er kam zu uns,
er kam zu uns in uns're Welt.
Jesus will jetzt unser Freund sein.
Er kam zu uns in uns're Welt.

– Eltern und Kinder stellen sich um den Altar.

7. Vaterunser

8. Lied: Danke für diesen guten Morgen (siehe S. 123)

9. Segen

10. Auszug
Lied: Kommt, sagt es allen Leuten (siehe S. 122)

Wortgottesdienst am Sonntag, 9. September, 9.00 Uhr

Vorbemerkungen

Anstoß zum Thema dieses Gottesdienstes war die Überlegung, daß zum Inbesitznehmen des Kirchenraumes durch die Kinder auch die künstlerisch gestalteten Kirchenfenster und deren Inhalte gehören.
Häufig findet man, wie auch in unserer Kirche, Heilige auf Kirchenfenstern dargestellt. So ist es dann möglich, mit Hilfe der meist recht anschaulichen und mit Symbolen ausgestatteten Heiligenfiguren für die Kinder Ausschnitte aus der Kirchengeschichte lebendig werden zu lassen. Diese Menschen sind uns und so auch den Kindern gefühlsmäßig näher als Personen aus der Jesus-Zeit. Daher ist ihr Verhalten für uns leichter nachzuvollziehen. Was Gott mit den Menschen will, leuchtet hier beispielhaft auf.
Außerdem entsprechen wir mit solchen Erzählungen über Heilige der Begeisterung der Kinder für Geschichten aller Art.

Thema: Heilige als Beispiele gelebter Nachfolge Christi: St. Ansgar

1. Begrüßung

a) Verteilung der Orff'schen Instrumente
b) Der Priester begrüßt Eltern und Kinder im Vorraum.

2. Einzug
– Prozession zum St.-Ansgar-Fenster
Lied: Kommt, sagt es allen Leuten (siehe S. 122)

3. Bildbetrachtung und Gespräch

4. Prozession zum Altar
Lied
Jesus ruft: Komm her zu mir. Halleluja.
Meine Freundschaft schenk ich dir. Halleluja.

Er hat immer für uns Zeit. Halleluja.
Jesus, sieh, wir sind bereit. Halleluja.

5. Gebet
Guter Gott, die Heiligen waren Menschen, die sich wie Jesus Christus um andere Menschen gekümmert haben, die ihnen geholfen und von Gottes Liebe zu den Menschen erzählt haben. Hilf uns, daß auch wir sehen, wenn andere

Menschen uns brauchen, und daß wir nicht zu bequem sind, ihnen dann zu helfen. Darum bitten wir durch Christus, unsern Herrn. Amen.

6. Lied: Danke für diesen guten Morgen (siehe S. 123)

7. Vaterunser

8. Segen

9. Auszug
Lied:
Er kam zu uns, er kam zu uns,
er kam zu uns in uns're Welt.
Jesus will jetzt unser Freund sein.
Er kam zu uns in uns're Welt.

Wortgottesdienst am Samstag, 29. September, 16.00 Uhr

Vorbemerkungen

„Jesus ist unser guter Freund, er hilft uns, auf ihn können wir uns verlassen." Das ist die Grundaussage, die in allen Gottesdiensten in Variationen deutlich wird.
Gerade Kinder sind ja sehr häufig in der Situation, daß ihnen geholfen wird, daß sie auf Hilfe angewiesen sind. Sie fassen im allgemeinen diese Situation als Übergang zum Erwachsenwerden auf, wo man keine Hilfe mehr braucht und vielleicht gar selbst helfen kann. Das ist selbstverständlich richtig so. Dennoch besteht vor allem im religiösen Bereich die Gefahr, die Hilfe von außen als selbstverständlich zu erwarten, ja sie sogar zu fordern, ohne die eigenen Möglichkeiten ausgeschöpft zu haben. Es kommt also darauf an, uns ständig bewußt zu machen, daß uns ohne unser Verdienst in einer schwierigen Lage geholfen wurde, und dies auch anzuerkennen. Das tun wir, indem wir „Danke" sagen.

Am Beispiel der zehn Aussätzigen ist dieser Aspekt wohl eindringlich deutlich zu machen. Hier geht es wieder um Kranke, Behinderte, ja Ausgestoßene, eine Situation, die unsere Kinder selbst alle irgendwann als Unglück erlebt haben, wenn sie das Bett hüten mußten und nicht am Spiel ihrer Freunde und Geschwister teilnehmen konnten.

Das Danke fordert sich hier von selbst und auch wohl der Gedanke an die, die mit dem Los, Behinderter, Außenseiter zu sein, auch als Kind fertig werden müssen. Schließlich ergibt sich aus dem Danke auch die Verpflichtung, sich um den Außenseiter zu kümmern, ihm mit den kindlichen Möglichkeiten zu helfen. So soll das Danke-Lied im Gottesdienst verstanden sein, ebenso der Opfergang mit von den Kindern selbst gebastelten Obsttellern für die geistig behinderten Kinder der „Lebenshilfe".

Über den Aussatz als Krankheit war vorher in den Familien gesprochen worden.

Unsere Gottesdienste feierten wir grundsätzlich am Sonntag. Zum einen sollte dieser Tag deutlich als der „Tag des Herrn" bewußt werden, zum anderen ist dies wohl der einzige Tag, an dem die ganze Familie zusammen sein kann.
Dieser Gottesdienst fand nicht am Sonntagmorgen statt, sondern am Samstagnachmittag. Organisatorische Schwierigkeiten hatten uns dazu veranlaßt. Wir machten hierbei die Erfahrung, daß die bisherige Praxis, die Gottesdienste am Sonntagmorgen zu feiern, richtig gewesen war. Die Kinder waren an diesem Nachmittag bei weitem nicht so aufnahmefähig, ihr Konzentrationsvermögen war sehr schnell überfordert. Obwohl sie sich deutlich Mühe gaben, waren sie kaum in der Lage, ihren Bewegungsdrang zu beherrschen, so daß das anschließende gemütliche Beisammensein bei Sprudel in ein wildes Toben ausartete.

Thema: Jesus heilt die zehn Aussätzigen. Nur einer dankt.

1. Begrüßung

a) Verteilung der Orff'schen Instrumente
b) Der Priester begrüßt Eltern und Kinder im Vorraum.

2. Einzug
Lied:
Jesus ruft: Komm her zu mir. Halleluja.
Meine Freundschaft schenk ich dir. Halleluja.

Er hat immer für uns Zeit. Halleluja.
Jesus, sieh, wir sind bereit. Halleluja.

3. Anzünden der Altarkerzen

4. Verkündigung

a) Lesung (nach Lk 17, 11–18)

Jesus war auf dem Weg mit den Jüngern. Und sie kamen in ein Dorf. Und da geschah es, da standen zehn Männer von fern in zerrissenen Kleidern, mit langem Haar und verhülltem Gesicht. Die Männer schrien laut.
Sie waren krank. Sie hatten den Aussatz. Aussätzige waren sie. Ihre Haut war mit bösem Geschwür bedeckt. Das war der Aussatz. Er fraß die Haut. Er fraß das Gesicht und Arme und Beine.
Die zehn dort waren unrein vom Aussatz. Sie waren vertrieben, allein. Sie wohnten allein, weit weg von den andern. Die anderen ekelten sich.
Die zehn dort wußten: Wir sind verloren.
Doch jetzt kam Jesus. Da hatten sie Hoffnung mit einemmal, da schrien sie: Jesus, Meister, erbarme dich, Jesus, erbarme dich. – Da hörte sie Jesus, wie sie so schrien. Er sah sie. Er sah sie an.
Er hob seine Augen: Gott sah sie an. Da sprach er zu ihnen: Geht hin. Ihr zehn, geht hin nach Jerusalem und zeigt euch den Priestern im Tempel.
Sie gingen gleich. Und da sie es taten, siehe, da wurden sie rein. Es geschah auf dem Wege. Sie wurden geheilt. Ihre Haut wurde glatt und rein. Sie sahen es alle. Da waren sie froh. Da gingen sie hin mit Freuden.
Aber einer, als er das bei sich sah, „ich bin ja rein und gesund, alles ist anders, alles neu", da durchfuhr es ihn wie ein Blitz: Gott hat es getan. Er sah mich an. Als Jesus mich sah, da war ich gesund. Gott hat es getan. Er ist der Herr. Ich muß zurück und ihm danken.
Und er kehrte um auf seinem Weg und lief zu Jesus zurück. Er lobte Gott mit lauter Stimme: Mein Gott, ich bin gesund.
So kam er zurück zu Jesus, dem Herrn. Er sah ihn und fiel ihm zu Füßen. Er warf sich nieder aufs Angesicht vor Jesus – vor Gott – und dankte ihm.
Und Jesus wunderte sich und sprach: Sind nicht zehn vom Aussatz rein geworden? Ich sehe nur einen. Wo sind denn die neun? Der Herr war traurig: Wo sind die neun?
(Entnommen aus: Steinwede, Zu erzählen deine Herrlichkeit, Vandenhoeck & Ruprecht / Verlag J. Pfeiffer, Göttingen / München, S. 72–74, gekürzt)

b) Gespräch

– Dank als Anerkennung für Hilfe. Empfangene Hilfe als Verpflichtung

c) Lied: Danke für diesen guten Morgen (siehe S. 123)

5. Opfergang

– Die Kinder bringen ihre Obstteller zum Altar und bilden mit den Eltern einen Kreis um den Altar.

6. Gebet
Guter Vater, uns geht es gut, wir haben genug zu essen und können spielen. Dafür wollen wir danken. Wir wollen aber die nicht vergessen, denen es schlecht geht. Schau auf sie, damit sie ihr Unglück leichter ertragen können, und laß immer andere Menschen an sie denken. Darum bitten wir durch Jesus, deinen Sohn. Amen.

7. Vaterunser

8. Segen über die Gaben und Eltern und Kinder

9. Auszug
Lied: Kommt, sagt es allen Leuten (siehe S. 122)

Wortgottesdienst am Sonntag, 4. November, 9.00 Uhr

Vorbemerkungen

Die Freude der Kinder an den bunten Kirchenfenstern und die Begeisterung, die Lebensgeschichten der dort dargestellten Heiligen zu hören, veranlaßte uns, für diesen Gottesdienst wieder ein Fenster unserer Kirche, nämlich den dort abgebildeten Bonifatius auszuwählen. Erstaunlich war, mit welchem Eifer die Kinder die im Fenster dargestellten Symbolgegenstände zu enträtseln suchten. Offenbar entspricht die vergröberte und gradlinige Darstellungsform bei der Bleiverglasung dem Denken der Kinder. Sie leisteten dabei erstaunliche Abstraktionsprozesse.
Positiv wirkte sich in diesem Gottesdienst außerdem aus, daß einmal wieder der Kirchenraum abgegangen wurde: Es ergab sich eine Art Prozession vom Vorraum (Ort der Begrüßung) zum Bonifatius-Fenster im linken Seitenschiff, von dort durch den ganzen Mittelgang zum Altar. Die Kinder nahmen erneut Besitz von diesem Raum und vertieften dabei ihre Gefühlsbeziehungen zu ihm.

Thema: Menschen in der Nachfolge Christi – der heilige Bonifatius

1. Begrüßung

a) Verteilung der Orff'schen Instrumente
b) Der Priester begrüßt Eltern und Kinder im Vorraum.

2. Einzug
– Prozession zum Bonifatius-Fenster
Lied: Kommt, sagt es allen Leuten (siehe S. 122)

3. Bildbetrachtung und Gespräch

4. Prozession zum Altar
Lied:
Jesus ruft: Komm her zu mir. Halleluja.
Meine Freundschaft schenk ich dir. Halleluja.

Er hat immer für uns Zeit. Halleluja.
Jesus, sieh, wir sind bereit. Halleluja.

5. Gebet
Wir wollen beten! Guter Gott, der heilige Bonifatius hat vor vielen Jahren hier in unserer Gegend ohne Furcht den Menschen die Frohe Botschaft verkündet, daß Gott die Menschen lieb hat. Wir bitten dich: Hab auch uns lieb und unsere Eltern und Freunde. Amen.

6. Lied: Gott liebt die Kinder (siehe S. 124)

7. Vaterunser

8. Segen

9. Auszug
Lied:
Er kam zu uns, er kam zu uns,
er kam zu uns in uns're Welt.
Jesus will jetzt unser Freund sein.
Er kam zu uns in uns're Welt.

Wortgottesdienst am Samstag, 1. Dezember, 16.00 Uhr

Vorbemerkungen

In der vorweihnachtlichen Zeit spielt die brennende Kerze eine hervorragende Rolle. Zum einen fasziniert das flackernde Feuer, das gleichzeitig vernichten

und wohltun kann, zum anderen sind mit dem Kerzenschein eine Vielzahl von Gefühlswerten verbunden: Kerzen brennen beim festlichen Mahl, beim Geburtstag, in der Kirche, die brennende Kerze verbreitet angenehmes Licht und wohlige Wärme.
Schließlich besitzt das Kerzenlicht symbolhafte Aussagekraft in verschiedenen Bereichen, vor allem im religiösen. Da wir glaubten, daß unsere Kinder zumindest in Teilbereichen durchaus Zugang zu diesem Symbol, aber auch Anschauungsmittel haben, wollten wir die brennende Kerze in den Mittelpunkt dieses Adventsgottesdienstes stellen, um den Gedanken dann im Weihnachtsgottesdienst wiederum aufgreifen zu können.
Jedes Kind brachte also seine Kerze mit, die es zu Hause liebevoll verziert und beklebt hatte. Diese eine brennende Kerze, entzündet an der ersten Kerze des Adventskranzes, symbolisierte so den Beginn der Zeit, die ihren Höhepunkt in der Geburtstagsfeier des Herrn mit dem Lichterbaum findet. So hat also auch im heutigen Gottesdienst der Text von der Verkündigung an Maria seinen Platz.

Grundsätzlich schließt sich ja an unsere Gottesdienste ein gemütliches Zusammensein an. Um die Verbindung zum vorangegangenen Zusammensein im Hause des Herrn einmal wieder deutlich zu machen, wurde das Licht aus der Kirche mit in den Gemeinderaum genommen, wo die gebastelten Kerzen der Kinder beim gemeinsamen Kekse-Schmausen ihr festliches und zugleich gemütliches Licht verbreiteten.

Thema: Wir beginnen die Vorbereitungszeit auf den Geburtstag Jesu mit dem Entzünden der ersten Kerze

1. Begrüßung

a) Verteilung der Orff'schen Instrumente
b) Der Priester begrüßt Eltern und Kinder im Vorraum.

2. Einzug
Lied: Gott liebt die Kinder (siehe S. 124)

3. Erläuterungen zu den mitgebrachten Kerzen
– Die Kerze eines jeden Kindes wird an der ersten Adventskerze entzündet.

4. Lied
– Kinder mit ihren brennenden Kerzen in den Bänken

Wir sagen euch an den lieben Advent.
Sehet, die erste Kerze brennt!
Freut euch, ihr Christen, freuet euch sehr!
Schon ist nahe der Herr.

Wir sagen euch an eine heilige Zeit.
Machet dem Herrn die Wege bereit.
Freut euch, ihr Christen, freuet euch sehr!
Schon ist nahe der Herr.

5. – Die Kerzen werden in Halter auf den Altar gestellt.

6. Verkündigung

a) Lesung (gekürzt nach Lk 1, 26–38)
Ein Bote Gottes kam zu Maria. Er begrüßte sie: „Gegrüßet seist du, Maria. Gott hat dich besonders lieb. Du sollst einen Sohn zur Welt bringen. Das wird der Sohn Gottes sein. Du sollst ihm den Namen Jesus geben!“ Maria freute sich sehr. Sie sagte: „Wenn Gott es will, so will ich es auch.“

b) Gespräch
Wir entzünden die erste Kerze als Zeichen für die beginnende Weihnachtszeit, in der wir die Geburt Jesu feiern.

7. Lied: Wir sagen euch an. . .
– Kinder nehmen die brennenden Kerzen in die Hand.

8. Vaterunser

9. Segen

10. Löschen der Kerzen
– Das Licht wird mit einer brennenden Kerze hinübergebracht zur Kaffeetafel.

11. Auszug
Lied: Kommt, sagt es allen Leuten (siehe S. 122)

12. Gemütliches Beisammensein
bei Limonade und Weihnachtsgebäck

Messe am Montag, 24. Dezember, 15.00 Uhr

Vorbemerkungen

Weihnachten als Feier des Geburtstages Jesu ist die kindgemäße Aussage dieses Festes in christlicher Deutung.
Zwei Gedanken sollten in diesem Gottesdienst ergänzend hinzugenommen werden:
1. Da wir selbst so reichlich beschenkt werden, wollen wir die nicht vergessen, denen niemand etwas schenkt. So bringt jedes Kind ein Päckchen mit einem Spielzeug von sich selbst mit, das an Gastarbeiterkinder weitergegeben wird.
2. Da die Kinder bei dieser Messe noch nicht am Mahl teilnehmen können, wird der Gedanke: „Jesus kommt zu uns und macht so unsere Welt hell" für die Kinder ausgedrückt, indem sie bei der Kommunion vom Priester eine brennende Kerze erhalten. Diese sollte dann auch bei der weihnachtlichen Festtafel in der Familie entzündet werden.
Bei dieser Messe wurde zum ersten Mal deutlich – was uns Erwachsene in den folgenden Messen immer wieder beeindruckte –, mit welcher Konzentration und Ruhe, ja mit welcher Andacht die vier- bis sechsjährigen Kinder das Geschehen miterlebten, obwohl zum Beispiel beim Verteilen der Kerzen während der Kommunion technische Probleme und verschiedentlich zeitliche Längen auftraten, da gemäß unserer Einladung an dieser Messe eine größere Anzahl Kinder und Eltern teilnahmen, die sonst nicht in unserem Kreis mitarbeiten.

Als Anschauungsmittel und Objekt der Betrachtung hatten einige Eltern in Gemeinschaftsarbeit ein großes (100 × 150 cm) Krippenbild gemalt. Als Vorlage hatten sie das dritte Bild aus dem Weihnachts-Wandfries ausgewählt. Dieses Bild stand während der Messe deutlich sichtbar im Chorraum neben dem Altar.

Thema: Jesus ist in die Welt gekommen. Wir feiern seinen Geburtstag.
Er will, daß unsere Welt hell und freundlich ist.

1. Begrüßung

a) Verteilung der Orff'schen Instrumente
b) Der Priester begrüßt Eltern und Kinder im Vorraum.

2. Lied
Christus ist geboren, als Mensch kam er zu uns.
Er kam als unser Bruder, er macht die Welt gesund.

Freuet euch, freuet euch, freuet euch mit uns!
Freuet euch, freuet euch, freuet euch mit uns!

Wir wollen nun versuchen, so gut wie er zu sein.
Daß Frieden wird auf Erden, für Menschen groß und klein.
Freuet euch. . .

3. Tagesgebet

Wir beten, daß Gott heute alle Menschen glücklich macht! –
Gott, du unser lieber Vater! Wir denken heute besonders an Jesus, deinen Sohn. Er ist immer bei dir, doch jetzt gehört er auch zu uns. Er ist ein Mensch wie wir, unser Freund. Wir können jetzt durch Jesus mit dir reden. Und da bitten wir dich: Mache die armen Menschen in der Welt wieder glücklich und froh. So beten wir durch Jesus, der bei dir ist und bei uns ist, früher und heute und bis in Ewigkeit.

4. Verkündigung

a) Lesung

Vorbemerkung: Im letzten Gottesdienst haben wir gehört, daß ein Bote Gottes Maria mitteilte, daß sie den Sohn Gottes zur Welt bringen sollte. Heute wollen wir hören, wie das passiert ist (gekürzt nach Lk 2, 1–20).

Josef und Maria gehen nach Betlehem. Der Weg ist weit. Sie müssen in Betlehem in einem Stall schlafen. Dort bekommt Maria ein Kind. Sie wickelt es in Windeln und legt es in eine Futterkrippe. In der Gegend von Betlehem ist ein Feld. Dort hüten Hirten ihre Schafe. Die Hirten sind im Dunkel. Da tritt ein Bote Gottes zu ihnen, und es wird hell. Die Hirten staunen: Wie kann es nachts plötzlich so hell sein? Der Bote Gottes spricht: Habt keine Angst. Ich bringe euch und allen Menschen Freude. Für euch ist heute Jesus geboren, der Heiland. Ihr werdet ihn in einer Krippe, in Windeln gewickelt, finden. Als der Bote fort ist, sprechen die Hirten untereinander: Welch eine Geschichte ist das: Der Heiland? Ein Kind, für uns geboren? In Betlehem? – Das müssen wir sehen! Kommt, laßt uns laufen nach Betlehem. Sie lassen die Schafe allein zurück und laufen nach Betlehem! Sie finden Maria und Josef und das Kind. Es liegt in der Krippe, in Windeln gewickelt. Und sie knien nieder und beten es an. Als sie das Kind gesehen haben, sind die Hirten froh: Da laufen sie hin und sagen es auch anderen Menschen.

b) Gespräch

Anläßlich des Geburtstages Jesu werden wir reichlich beschenkt. Wir wollen die nicht vergessen, denen niemand etwas schenkt.

5. Gabenbereitung

a) Gabenprozession
(Kinder: Päckchen mit Spielzeug; Eltern: Adveniatopfer)

b) Gabengebet
Gott, du schenkst uns so viel. Wir wollen dir danken. Wir bringen dir Brot und Wein. Wir möchten, daß auch die Armen heute froh sind. Darum haben wir von unseren Spielsachen für sie heute etwas mitgebracht. Sie sollen merken, wie gut Jesus zu ihnen ist. Das laß heute geschehen durch Jesus Christus, unsern Herrn.

6. Lied
Zu Betlehem geboren ist uns ein Kindelein.
Das hab' ich auserkoren, sein eigen will ich sein.
Eja, eja, sein eigen will ich sein.

7. Hochgebet

8. Lied
– Eltern und Kinder stellen sich um den Altar.

Jesus ruft: Komm her zu mir. Halleluja.
Meine Freundschaft schenk ich dir. Halleluja.

Er hat immer für uns Zeit. Halleluja.
Jesus, sieh, wir sind bereit. Halleluja.

9. Tischgebet
Lied: Vater unser, der du bist im Himmel (siehe S. 126)

10. O Herr, ich bin nicht würdig . . .

11. Mahl
– Die Kinder erhalten eine brennende Kerze.

12. Dankgebet
Du guter Gott, wir haben heute gemerkt: Du liebst uns und alle Menschen. Am Altar hast du unseren Eltern und uns ein Zeichen deiner Liebe geschenkt. Wir danken dir. Heute sollen alle Menschen spüren: Durch Jesus können wir alle gut zueinander sein. Jesus sagt uns: Habt euch so lieb wie ich euch alle liebe. Hilf uns bitte dabei. Amen.

13. Lied
Freut euch, ihr Christen, freuet euch sehr!
Jetzt ist bei uns der Herr!

14. Segen

15. Auszug
Lied:
Er kam zu uns, er kam zu uns,
er kam zu uns in uns're Welt,
Jesus will jetzt unser Freund sein.
Er kam zu uns in uns're Welt.

Messe am Sonntag, 20. Januar, 9.00 Uhr

Vorbemerkungen

Beim nächsten Gottesdienst sollten die fünf- und sechsjährigen Kinder unserer Gruppe zum ersten Mal am Heiligen Mahl teilnehmen. Wir hielten es daher aus zwei Gründen für notwendig und der Vorbereitung auf diesen Tag entsprechend, heute mit den Kindern eine Messe zu feiern:

1. Sie sollten mit dem veränderten und längeren Ablauf einer Messe vertraut werden, denn ihre bisherigen Gottesdienste waren strukturell einfacher und kürzer.
2. Es sollte den Kindern durch die Verweigerung der Teilnahme am Mahl bewußt gemacht werden, daß ohne Mahlgemeinschaft dieser Gottesdienst, der ja eine Mahlfeier ist, unvollständig bleibt.

Damit sollte also den Kindern Messe als das gemeinsame Mahl der Gemeinde klar werden, das auf dem Versprechen gründet: Wenn ihr dieses Brot eßt. . ., dann bin ich bei euch. Diesem Gedanken ordnete sich das Thema der Messe soweit unter, als der Text aus der Apostelgeschichte und die zeichnerische Darstellung durch die Kinder im Verkündigungsteil der Messe das Zusammenkommen der Gemeinde den Kindern verdeutlichte. Die zweite Hälfte des Jesuswortes sollte in der nächsten Messe, bei der die Kinder an dem gemeinsamen Mahl teilnehmen, im Mittelpunkt stehen.
Da bei der Erstkommunion unserer Kinder auf keinen Fall das Geschenke-Einsammeln im Vordergrund stehen sollte, hofften wir durch diese Messe, in der ihnen die Kommunion verweigert wurde, das Verlangen, endlich zur

Mahlgemeinschaft zu gehören, so zu verstärken, daß die Teilnahme am Mahl der beherrschende Gedanke des Erstkommuniontages sein und auch als Beglückung empfunden würde.

Thema: In der Pfarrkirche versammelt sich die Gemeinde zum Gottesdienst

1. Begrüßung

a) Verteilung der Orff'schen Instrumente
b) Der Priester begrüßt Eltern und Kinder im Vorraum.

2. Einzug
Lied:
Er kam zu uns, er kam zu uns,
er kam zu uns in uns're Welt,
Jesus will jetzt unser Freund sein.
Er kam zu uns in uns're Welt.

3. Tagesgebet
Gott, unser Vater! Seit fast 2000 Jahren kommen die Menschen in der Kirche zusammen, weil sie mit deinem Sohn Jesus Christus Mahl halten wollen, weil sie mit ihm und dir zusammensein wollen. Wir tun heute das gleiche und bitten: Sei als unser lieber Freund bei uns. So wollen auch wir untereinander Freunde sein. Amen.

4. Verkündigung

a) Anregung:
Wie können wir darstellen, daß und wie wir uns in der Kirche versammeln?

b) Die Kinder malen sich selbst, mit dem Priester um den Altar versammelt (mit Wachsmalstiften). Ein DIN A 0-Bogen steht für diese Gemeinschaftsarbeit zur Verfügung.

c) Lesung (nach Apg 2, 42–47)
Jesus hatte sich viele Freunde gesucht. Diese hielten auch später noch zusammen. Jesus wurde auch Christus genannt. Deshalb nannten sich diese Freunde Christen.
Einer half dem andern. Was einem gehörte, das gehörte auch dem anderen. Alle halfen den Armen.
Sie trafen sich in der Kirche und hielten Mahl miteinander. Und täglich kamen neue dazu. Sie wollten auch Christen sein.

d) Lied: Gott liebt die Kinder (siehe S. 124)

5. Gabengebet
Jesus! Mit deinen Freunden hältst du das Mahl und willst so bei ihnen sein. Für dieses Mahl bereiten wir die Gaben: Brot und Wein. Auch wir wollen deine Freunde sein. Amen.

6. Gabenbereitung
– Gabenprozession zum Altar. Kinder und Eltern bilden einen Kreis um den Altar.

Lied:
Schau auf uns, Herr, sieh, wir bringen
Brot und Wein und uns zu deinem Tisch.
Schau auf uns, Herr, sieh, wir bringen
Brot und Wein und uns zu deinem Tisch.

– Priester: Die Gaben für das Mahl sind jetzt auf dem Tisch.

7. Hinführung zum Hochgebet
In dem großen Dankgebet sagen wir jetzt zu Gott, wie wir uns zusammen mit allen Menschen freuen, daß Jesus unser Freund sein will. Wir alle gehören zur Kirche.
Jesus ist dabei.
Apostel und Heilige sind unsere Freunde.
Unsere Gemeinde denkt an Jesus: wie er gut war zu den Menschen.
Wie er mit seinen Aposteln das Abendmahl feierte, wie er für uns gestorben und auferstanden ist.
Heute dürfen wir das Abendmahl feiern wie damals die Apostel.

8. Hochgebet
(aus: Drei Hochgebete für Eucharistiefeiern mit Kindern, als Studientexte herausgegeben im Auftrag der Deutschen Bischofskonferenz, Einsiedeln/Freiburg 1975)

Sanktuslied:
Wir wollen singen für Gott, unsern Herrn.
Er schenkt uns Leben, wir danken ihm gern.

9. Tischgebet
Jesus hat schon mit seinen Freunden das Vaterunser gebetet. Wir wollen es jetzt als Tischgebet für die Eltern sprechen. Beim nächsten Gottesdienst ist es das Tischgebet für uns alle. Vater unser. . .

10. O Herr, ich bin nicht würdig. . .

11. Mahl
– nur die Eltern

12. Danklied: Danke für diesen guten Morgen (siehe S. 123)

13. Schlußgebet
Guter Jesus, hier in deinem Haus, der Kirche, bist du in dem Mahl bei uns. So wie du unser Freund bist, wollen auch wir Kinder und Eltern in diesem Kreis Freunde sein. Darum bitten wir um deinen Segen. Amen.

14. Segen

15. Auszug
Lied: Kommt, sagt es allen Leuten (siehe S. 122)

Messe anläßlich der Erstkommunion am Sonntag, 17. Februar, 10.15 Uhr

Vorbemerkungen

Diese Messe wollten wir verstehen zum einen als den Höhepunkt und Abschluß eines Werdeganges vom ersten Kirchenbesuch bis zur vollen Teilnahme an einer Messe als Mahlfeier, zum anderen als den Beginn einer Entwicklung, die reicht vom ersten beglückenden Aufgenommensein in die Gemeinschaft der Gläubigen, die das Herrenmahl feiert, bis hin zur Gemeinschaft stiftenden, gläubigen Teilnahme an der Feier des Geheimnisses des Todes und der Auferstehung des erhöhten Herrn Jesus Christus. Die Bedeutung dieser Messe liegt dann vor allem darin, daß die am heutigen Tage erfahrene Freude als Erlebnis- und Gefühlswert sich fortpflanzt in den Gottesdienstbesuch unserer Kinder hinein, wenn sie einmal nicht mehr vom Glauben ihrer Eltern getragen werden.
Diese großen Worte sollen eigentlich nur deutlich machen, wie schwierig gerade die Vorbereitung dieser Messe war und wie schwer wir sie uns gemacht haben. Da galt es, das eigene Verständnis von Messe zu klären und zu vertiefen, da galt es, sich mit Traditionen und gesellschaftlichen Verpflichtungen

auseinanderzusetzen, und da galt es schließlich, in unserem Kreis zu einer Übereinstimmung zu kommen. Denn das war uns bei aller Unterschiedlichkeit in den Meinungen klar: Dieser Tag konnte nur als Gemeinschaftsfeier unserer Gruppe stattfinden. Diese Gemeinsamkeit sollte nicht nur in der Messe Ausdruck finden, sondern auch in der sich anschließenden äußeren Feier. Um das Erlebnis von Gemeinde noch zu vertiefen und um die Mitglieder dieser Gemeinde an unserer Festfreude teilnehmen zu lassen, hielten wir die Messe nicht, wie sonst üblich, im kleinen Kreis unserer Gruppe, sondern im Hochamt der Gemeinde, die einen Sonntag vorher durch einen Handzettel (siehe S. 70) eingeladen worden war.

Inhaltlich gesehen lag der Schwerpunkt auf dem Mahl, zu dem uns Jesus als seine Freunde geladen hat und in dem er bei uns ist. Anschauungsmittel für den Verkündigungsteil war ein großes Wandbild aus Stoff mit einer Abendmahlsszene, in die sich die Kinder einreihten, indem sie ein gemaltes Bild von sich zu den um den Tisch versammelten Jüngern hefteten. So waren dann auch bei der Kommunion Eltern und Kinder um den Altar versammelt, von dem aus das Brot (gebrochene große Hostien) verteilt wurde.
Auf ein Symbol, nämlich die Taufkerze, wollten wir nicht verzichten. Sie wurde zu Beginn der Messe an der brennenden Osterkerze entzündet, stand während der Messe auf dem Altar, und nach der Messe brannte sie auf der festlich gedeckten Tafel. Diese war im Gemeinderaum hergerichtet für das gemeinsame Mittagsfestmahl, zu dem sich der Priester und die Eltern und Kinder unseres Kreises versammelten. Hinzugeladen waren die Großeltern und Paten eines jeden Kommunionkindes. Das ergab bei zehn Kommunionkindern aus sieben Familien einen Kreis von insgesamt etwa 60 Personen. Für das Essen und alle damit zusammenhängenden Arbeiten sorgten Bekannte. So konnten Eltern, Kinder und Gäste ungestört zusammensein, ein Festmahl halten im besten Wortsinne. Trotz der zum Teil auswärtigen Gäste der einzelnen Familien und der großen Zahl war hier im Empfinden aller eine Gemeinschaft entstanden. Nach dem Festessen ging man auseinander, so daß der Nachmittag und Abend den einzelnen Familien zur individuellen Gestaltung zur Verfügung stand.
Im Mittelpunkt dieses Tages stand nicht das Kommunionkind im weißen Kleid (die Kinder trugen übliche Festtagskleidung), nicht die reichhaltigen Geschenke (davon wurde im gegenseitigen Einverständnis ganz abgesehen), sondern die Gemeinschaft von Menschen, die miteinander das Herrenmahl und das Festmahl feierten.

Einladung für die St.-Marien-Gemeinde zur Erstkommunionfeier

Am nächsten Sonntag (17. Februar) im Hochamt (Beginn: 10.15 Uhr) werden zehn Kinder aus dem Kreis „Eltern und Vorschulkinder" zum erstenmal zur Kommunion gehen.
Dieser Kreis Eltern mit Kindern im Alter von vier bis sechs Jahren, insgesamt zehn Familien mit 21 Kindern, besteht seit $1^1/_2$ Jahren.

Unsere Zielvorstellung:
1. Wir wollen in unserem Kreis ein bewußtes Gemeindegefühl entwickeln, sowohl innerhalb der beiden Generationen als auch zwischen ihnen.
2. Wir wollen die willkürliche Trennung von kirchlichem und weltlichem Bereich in unserem Leben überbrücken.

Daher:
werden unsere Gottesdienste gemeinsam von den Eltern vorbereitet,
werden von uns gottesdienstliche Formen und Inhalt für das Verständnis der Vorschulkinder entwickelt,
verbinden wir jede gottesdienstliche mit einer anschließenden „weltlichen" Feier.

Wir wollen keine Gemeinde innerhalb der Gemeinde sein. Daher laden wir Sie herzlich zur Erstkommunion ein. Sie erhalten von uns die Gebet- und Liedertexte der Messe, so daß Sie gemeinsam mit uns Eucharistie feiern können.

Thema: Beim Mahl sind wir mit Jesus, unserem Freund, zusammen.
So wie er unser Freund ist, wollen auch wir untereinander Freunde sein.

1. Begrüßung
– Verteilung der Orff'schen Instrumente
– Der Priester kommt mit der brennenden Osterkerze nach hinten in den Turm,
– er begrüßt Eltern und Kinder,
– Erklärung der Bedeutung der mitgebrachten Taufkerzen der Kinder,
– Entzünden der Taufkerzen.
– Beim Einzug tragen die Eltern die Kerzen.

2. Einzug
Lied:
Jesus ruft: Komm her zu mir. Halleluja.
Meine Freundschaft schenk ich dir. Halleluja.

Er hat immer für uns Zeit. Halleluja.
Jesus, sieh, wir sind bereit. Halleluja.

– Die Eltern stellen die Kerzen auf den Altar und setzen sich mit ihren Kindern in die ersten Bänke.

3. Tagesgebet
Wir wollen beten, daß Jesus als unser Freund heute bei diesem gemeinsamen Mahl unter uns ist.
Gott, unser Vater! Immer wieder versammeln sich Menschen in der Kirche, um mit Jesus Mahl zu halten. Auch heute wollen zehn Kinder aus unserem Kreis mit ihren Eltern und der Gemeinde zusammen mit mir, dem Priester, dieses Mahl halten. Wenn wir das Brot essen, soll es das Zeichen der Freundschaft mit Jesus sein. Darum bitten wir. Amen.

4. Verkündigung

a) Hinweis an die Kinder: Versucht herauszubekommen, was die folgende Geschichte von Jesus und das große Wandbild neben dem Altar gemeinsam haben!

b) Lesung
(nach Lk 22, 19–20 und Mk 14, 22–25)
Es war Abend geworden. Jesus kam mit seinen zwölf Freunden zusammen. Er setzte sich mit ihnen zu Tisch. Sie aßen zusammen. Dann nahm er das Brot und dankte und segnete es. Er brach es in Teile und gab es seinen Freunden. Er sprach: „Das ist mein Leib.“ Dann nahm er den Becher mit Wein und dankte dafür. Er reichte den Becher zum Trinken herum und sprach: „Das ist mein Blut. Dieses Mahl soll das Zeichen sein für die Freundschaft zwischen mir und euch. Immer, wenn ihr dieses Mahl haltet, erinnert euch an mich.“

c) Gespräch
Erarbeitung des Wandbildes (Abendmahlsszene) mit den Kindern
– Ab heute gehören auch diese Kinder zu dieser Mahlgemeinschaft mit Jesus.
– Die Kinder heften ein selbstgemaltes Bild von sich an das Wandbild.

d) Lied: Gott liebt die Kinder (siehe S. 124)

5. Gabengebet
Lieber Jesus! Mit deinen Freunden hältst du das Mahl und willst so bei ihnen sein. Für dieses Mahl bereiten wir die Gaben: Brot und Wein. Auch wir wollen deine Freunde sein. Amen.

6. Gabenbereitung
– Gabenprozession zum Altar. Kinder und Eltern bilden einen Kreis um den Altar.

Lied:
Schau auf uns, Herr, sieh, wir bringen
Brot und Wein und uns zu deinem Tisch.
Schau auf uns, Herr, sieh, wir bringen
Brot und Wein und uns zu deinem Tisch.

P: Die Gaben für das Mahl sind jetzt auf dem Tisch.

7. Hinführung zum Hochgebet
In dem großen Dankgebet sagen wir jetzt zu Gott, wie wir uns zusammen mit allen Menschen freuen, daß Jesus unser Freund sein will. Wir alle gehören zur Kirche.
Jesus ist dabei.
Apostel und Heilige sind unsere Freunde.
Unsere Gemeinde denkt an Jesus: wie er gut war zu den Menschen.
Wie er mit seinen Aposteln das Abendmahl feierte, wie er für uns gestorben und auferstanden ist.
Heute dürfen wir das Abendmahl feiern wie damals die Apostel.

8. Hochgebet
(aus: Drei Hochgebete für Eucharistiefeiern mit Kindern, als Studientexte herausgegeben im Auftrag der Deutschen Bischofskonferenz, Einsiedeln/Freiburg 1975)

Sanktuslied:
Wir wollen singen für Gott, unsern Herrn.
Er schenkt uns Leben, wir danken ihm gern.

9. Tischgebet
Jesus hat schon mit seinen Freunden das Vaterunser gebetet. Wir wollen es jetzt gemeinsam als unser Tischgebet sprechen: Vater unser . . .

10. Friedensgruß
Wie Jesus unser Freund ist, wollen auch wir Freunde sein. Zum Zeichen dafür geben wir uns die Hand und wünschen uns gegenseitig den Frieden.
Der Friede des Herrn sei allezeit mit euch!
A: Und auch mit dir!

11. Mahl

a) O Herr, ich bin nicht würdig . . .

b) Der Priester verteilt das Brot an die Kinder und deren Eltern, die um den Altar stehen.

c) Kommunionausteiler verteilen es an die Gemeinde.

12. Danksagung
Kehrvers: Kommt, sagt es allen Leuten (siehe S. 122)

Seit eineinhalb Jahren kommen wir regelmäßig hier zusammen. Wir haben uns die Kirche genau angesehen, die Sakristei und den Orgelboden. Wir haben viel von Jesus gehört und von den Heiligen, die in den Kirchenfenstern dargestellt sind. Wir haben zusammen gespielt und gemalt. So haben wir uns auf den heutigen Tag vorbereitet.
Kehrvers: Kommt, sagt es (siehe S. 122)

Heute haben wir gemeinsam mit der Gemeinde das Mahl gehalten, das Brot, das Jesus uns durch den Priester schenkt, gegessen. Wir gehören jetzt zur Gemeinde und mit ihr zu Jesus. Dafür danken wir.
Kehrvers: Kommt, sagt es (siehe S. 122)

Weil wir uns über diesen Tag so freuen, bitten wir dich, Gott, unsern Vater: Laß möglichst viele Kinder und ihre Eltern den Weg in die Kirche finden, damit auch sie an diesem Mahl der Freunde Jesu teilnehmen können.
Kehrvers: Kommt, sagt es (siehe S. 122)

13. Schlußgebet
Guter Jesus! Hier in deinem Haus, der Kirche, bist du in dem Mahl bei uns. So wie du unser Freund bist, wollen auch wir, Kinder und Eltern, Freunde sein. Darum bitten wir um deinen Segen. Amen.

14. Segen

15. Auszug
Lied: Nun danket all und bringet Ehr (siehe S. 127)

Messe am Sonntag, 17. März, 9.00 Uhr

Vorbemerkungen

Wie schon gesagt, war es ein Schwerpunkt der „Erstkommunion-Messe" im vergangenen Monat, sie als den Anfang einer Entwicklung zu sehen, die unsere Kinder näher an das religiöse Ereignis der Teilnahme am Mahl mit Jesus heranführen sollte. Wir wollten dies versuchen, indem wir den Bereich Essen, Hunger, Mahlhalten in den Gottesdiensten von immer neuen Seiten angingen. Es kam uns dabei darauf an, die existentielle Bedeutung dieser Ereignisse im menschlichen Leben bei den Kindern aufleuchten zu lassen, um das Herrenmahl, die institutionalisierte und auf liturgische Formeln reduzierte Mahlfeier als Gottesdienst, an diese existentielle Erfahrung verstandes- und gefühlsmäßig, schließlich glaubensmäßig zu binden.
So nahmen wir uns für diese erste Messe nach der „Erstkommunion" den Text von der Brotvermehrung vor: Die Menschen haben Hunger, Jesus hilft. Das sollte die vordergründige Aussage des Textes für unsere Kinder sein, die für sie leicht verstehbar ist, denn jedes Kind kennt das Hungergefühl. Doch in dieser Form ist die Aussage zu oberflächlich und für die Kinder ohne Konsequenz. Im Gespräch sollte es daher darauf ankommen, den Begriff Hunger nicht nur als Gefühl des ungeduldigen Wartens auf ein reichhaltiges Essen in Erinnerung zu rufen. Vielmehr sollte die Tragweite des Hungers mit seinen ihn zum Teil auch bedingenden Nebenerscheinungen Elend, Krankheit, Isolation, Tod klar werden.

So setzten wir dazu als Anschauungsmittel Bilder und Plakate aus der Misereor-Aktion ein. Wir waren uns der Gefahr bewußt, daß diese Bilder auch einen Unverbindlichkeitscharakter besitzen (vor allem für Erwachsene und ältere Kinder), meinten aber, daß das durch sie bei den Kindern hervorgerufene Mitleid bei ihnen noch als wahres Gefühl des Mitleidens zu werten ist. So erschien es uns auch sinnvoll, die Misereor-Aktion der Eltern (auch die Kinder hatten in gemeinsamer Überlegung mit den Eltern durch einen spürbaren Verzicht einen Anteil beigetragen) als Konsequenz aus dem Schriftwort und der Information über den Hunger in der Welt anzuschließen.

Thema: Wie Jesus den Hunger vieler Menschen stillte, wollen auch wir, Eltern und Kinder, versuchen, an die hungrigen Menschen zu denken und ihnen zu helfen.

1. Begrüßung

a) Verteilung der Orff'schen Instrumente
b) Der Priester begrüßt Eltern und Kinder im Vorraum.

2. Einzug
Lied:
Jesus ruft: Komm her zu mir. Halleluja.
Meine Freundschaft schenk ich dir. Halleluja.

Er hat immer für uns Zeit. Halleluja.
Jesus, sieh, wir sind bereit. Halleluja.

3. Tagesgebet
Gott, unser Vater! Immer wieder versammeln sich Menschen in der Kirche, um mit Jesus Mahl zu halten und um sich an das Leben zu erinnern, das Jesus auf Erden geführt hat. Damals hat Jesus vielen Hungrigen etwas zu essen gereicht, so daß sie gesättigt waren. Auch in dieser Zeit haben noch viele Menschen Hunger. Lieber Gott, gib uns die Kraft, daß wir den hungrigen Menschen von unserm Reichtum abgeben, damit auch sie satt werden. Darum bitten wir. Amen.

4. Verkündigung

a) Lesung (nach Mk 6, 35–42)
So sprach er zu ihnen und lehrte sie vieles, Stunde um Stunde, den ganzen Tag.
Und dann war es Abend. Der Tag ging zu Ende. Da traten die Jünger zu Jesus. Sie sprachen: Herr, es ist öde hier. Es wird schon spät. Der Tag ist dahin. Herr, laß die Menschen jetzt von dir gehen. Sie haben großen Hunger. Herr, laß sie in die Höfe umher und in die Dörfer und Brot einkaufen. Sie haben doch nichts. Sie müssen essen. Darum laß sie gehen, Herr.
Und Jesus sprach: Gebt ihr ihnen doch, gebt ihr ihnen doch zu essen.
Die Jünger sprachen: Wie können wir das? Wir haben doch gar nicht soviel. Woher soll das kommen für all diese Menschen? Wir haben zweihundert Denare. Und dafür sollen wir Brote kaufen für alle zum Essen? Das reicht doch nie.
Er sprach: Was habt ihr denn da an Broten? Wie viele sind es? Geht hin und seht nach. – Sie sahen nach und kamen zurück und sagten: Fünf und zwei Fische; fünf Brote, zwei Fische, mehr ist nicht da, mehr haben wir nicht gefunden.

Da sprach der Herr: Sie sollen sich lagern hier in das grüne Gras. Die Menschen sollen sich setzen in Gruppen, als wären da Tische. – Sie taten es. Sie lagerten sich ins grüne Gras in Gruppen zu fünfzig und hundert.
Und Jesus nahm das Brot und den Fisch. Er blickte zum Himmel auf. Er dankte. Er brach das Brot in Stücke. Er gab es den Jüngern hin: Gebt ihnen zu essen. Er teilte die Fische. – Die Jünger nahmen das Brot. Sie gaben es weiter: Das ist das Brot, das der Herr euch zu essen gibt (2 Mose 16, 15). Sie teilten die Fische. Sie gaben allen. Und jeder nahm und aß.
Gott deckte ihnen den Tisch in der Wüste (Ps 78, 19). Sie saßen und aßen mit Freuden. Der Herr gab Speise zu seiner Zeit: Sie aßen alle und wurden satt.
(Entnommen aus: Steinwede, Zu erzählen deine Herrlichkeit, Vandenhoeck & Ruprecht / Verlag J. Pfeiffer, Göttingen / München, S. 57)

b) Gespräch
Viele Menschen hungern und leben dadurch in Not und Elend. Uns geht es gut und darum müssen wir versuchen zu helfen.

c) Lied: Gott liebt die Kinder (siehe S. 124)

5. Gabengebet
Jesus! Mit deinen Freunden hältst du das Mahl und willst so bei ihnen sein. Für dieses Mahl bereiten wir die Gaben: Brot und Wein. Auch wir wollen deine Freunde sein. Amen.

6. Gabenbereitung

a) Gabenprozession, Misereor-Opfer von Kindern und Eltern zum Altar. Kinder und Eltern bilden einen Kreis um den Altar.

b) Lied:
1. Wir bringen Brot und bereiten das Mahl,
das Mahl, das Jesus mit uns hält.

2. Wir bringen Wein und bereiten das Mahl,
das Mahl, das Jesus mit uns hält.

3. Wir kommen selbst und bereiten das Mahl,
das Mahl, das Jesus mit uns hält.

P: Die Gaben für das Mahl sind jetzt auf dem Tisch.

7. Hinführung zum Hochgebet
In dem großen Dankgebet sagen wir jetzt zu Gott, wie wir uns zusammen mit

allen Menschen freuen, daß Jesus unser Freund sein will. Wir alle gehören zur Kirche.
Jesus ist dabei.
Apostel und Heilige sind unsere Freunde.
Unsere Gemeinde denkt an Jesus: wie er gut war zu den Menschen.
Wie er mit seinen Aposteln das Abendmahl feierte, wie er für uns gestorben und auferstanden ist.
Heute dürfen wir das Abendmahl feiern wie damals die Apostel.

8. Hochgebet
(aus: Drei Hochgebete für Eucharistiefeiern mit Kindern, als Studientexte herausgegeben im Auftrag der Deutschen Bischofskonferenz, Einsiedeln/Freiburg 1975)

Sanktuslied:
Wir wollen singen für Gott, unsern Herrn.
Er schenkt uns Leben, wir danken ihm gern.

9. Tischgebet
Jesus hat schon mit seinen Freunden das Vaterunser gebetet. Wir wollen es jetzt gemeinsam als unser Tischgebet sprechen:
Vater unser. . .

10. Friedensgruß
Wie Jesus unser Freund ist, wollen auch wir Freunde sein. Zum Zeichen dafür geben wir uns die Hand und wünschen uns gegenseitig den Frieden.
Der Friede des Herrn sei allezeit mit euch!

A: Und auch mit dir!

11. Mahl

a) O Herr, ich bin nicht würdig . . .
b) Verteilung des Brotes an Eltern und Kinder

12. Danksagung
Kehrvers: Kommt, sagt es allen Leuten (siehe S. 122)

Heute haben wir wieder zusammen das Mahl gehalten und danken dir dafür. Wir bitten dich, daß auch wir Menschen helfen, wenn sie Hunger haben, damit sie satt werden.
Kehrvers: Kommt, sagt es (siehe S. 122)

 Wir wollen Freunde sein, mit dir und mit allen Menschen. Deshalb bitten wir

dich, hilf uns, daß wir uns gut vertragen. Laß durch uns keinen Streit entstehen.
Kehrvers: Kommt, sagt es (siehe S. 122)

Wir danken dir, daß wir alle gesund dabei sein dürfen. Beschütze uns vor schlimmen Krankheiten und auf der Straße im Verkehr.
Kehrvers: Kommt, sagt es (siehe S. 122)

13. Schlußgebet
Jesus! Hier in deinem Haus, der Kirche, bist du in dem Mahl bei uns. So wie du unser Freund bist, wollen auch wir, Kinder und Eltern, Freunde sein. So wie du den hungrigen Menschen geholfen hast, wollen auch wir versuchen, den hungrigen Menschen zu helfen.

14. Segen

15. Auszug
Lied: Nun danket all und bringet Ehr (siehe S. 127)

Messe am Sonntag, 21. April, 9.00 Uhr

Vorbemerkungen

Ein anderer Aspekt der Mahlfeier als Gottesdienst ist der Gedanke: das Brotbrechen als Zeichen für die Freundschaft, ja die Gegenwart Jesu. Das Evangelium des zweiten Ostertages, die Emmaus-Begebenheit, sollte die Grundlage für diese Aussage bilden. Wir waren zwar der Meinung, unseren Kindern kaum die Ereignisse um Tod und Auferstehung Christi kindgemäß darstellen zu können, uns war aber gleichzeitig klar, daß wir einerseits die Karwoche und Ostern – was den religiösen Inhalt angeht – für die Kinder nicht einfach ausfallen lassen konnten und daß andererseits ein Wissen von diesen Ereignissen für das Verständnis des Emmaus-Textes erforderlich wäre.
Wir gingen folgenden Weg: Analog dem Erzählen der Weihnachtsgeschichte in der Adventszeit gaben wir in den letzten Tagen vor Ostern den Kindern einen Bericht von Leben, Sterben und Auferstehung Jesu Christi. Wir hielten uns dabei an die gute und knappe Zusammenfassung „Der Mann aus Nazareth“ (in: „Wie wir Menschen leben. Ein Religionsbuch 3“, Verlag Herder, Freiburg, S. 56–58). Es kam uns nicht darauf an, die Einzelheiten der Leidensgeschichte auszumalen, sondern aus der Stellung und Bedeutung Jesu in seiner Zeit und Umwelt seinen Tod zu begründen und die Folgen der Tatsache

seiner Auferstehung bei den ersten Christen darzustellen. Hierzu gehörte dann auch die Besprechung und zeichnerische Bearbeitung der Emmaus-Begebenheit.
So war für das Gespräch im Gottesdienst der biblische Hintergrund – repräsentiert durch die Bilder der Kinder – schon gegeben, und es war nicht schwer, den Gedanken des Themas zu erarbeiten und auf das folgende Tun (Mahlfeier) anzuwenden.

Neu in dieser Messe war das Lied: „Komm her, wir feiern heute!" Es zog sich mit seinen fünf Strophen wie ein roter Faden durch den Gottesdienst. Die Melodie war den Eltern vom Spiritual her größtenteils bekannt, und die Kinder sangen sehr bald mit großer Begeisterung mit. Ein vorheriges Üben oder Einsingen war nicht erforderlich.

Thema: Jesus hat uns ein Zeichen seiner Freundschaft gegeben: das Brotbrechen.

1. Begrüßung

a) Verteilung der Orff'schen Instrumente
b) Der Priester begrüßt Eltern und Kinder im Vorraum.

2. Einzug
Lied:
Komm her, wir feiern heute.
Komm her, wir feiern heute.
Komm her, wir feiern heute.
Jesus Christus lädt uns selbst dazu ein.

Erste Strophe: Alle sind geladen, jung und alt, arm und reich.

Zweite Strophe: Alle, die da kommen, wollen gute Freunde sein.

3. Tagesgebet
Wir wollen beten, daß Jesus, unser Freund, immer bei uns ist, wenn wir gemeinsam das Mahl halten: Jesus, so wie du damals bei deinen Freunden warst, als sie das Brot gegessen haben, so bleibe auch immer bei uns. Du hast ja gesagt, daß dieses Mahl ein Zeichen deiner Freundschaft zwischen dir und uns sein soll. Um diese Freundschaft bitten wir dich. Amen.

4. Verkündigung

a) Lied: Komm her, wir feiern heute. . .

Dritte Strophe: Alle, die da kommen, hören Jesu gutes Wort.

b) Gespräch
Die Kinder haben zu Hause Bilder zu der Emmaus-Geschichte gemalt. An ihnen soll erarbeitet werden: Das Zeichen für Jesu Gegenwart damals und heute ist das Brotbrechen.

c) Lesung (nach Lk 24, 13–35)
Zwei Freunde von Jesus gehen von Jerusalem nach Emmaus. Das ist ein kleines Dorf. Sie sind traurig. Sie sprechen miteinander.
Sie sagen: Jesus ist tot. Er ist fort für immer. Sie können noch nicht glauben, daß Jesus lebt.
Da kommt Jesus. Er geht mit ihnen. Er spricht mit ihnen. Aber sie erkennen ihn nicht. Sie denken: Das ist ein Fremder.
Jetzt sind sie bald da. Sie sagen: Bleibe bei uns. Es ist Abend. Bald wird es dunkel.
Der Fremde geht mit ihnen ins Haus. Er bleibt bei ihnen und setzt sich mit ihnen zu Tisch. Sie essen miteinander.
Der Fremde nimmt Brot; er spricht das Dankgebet; er bricht das Brot in Stücke und gibt es ihnen.
Da erkennen sie ihn:
Es ist Jesus!
Er lebt!
Er hat mit uns gegessen!
(Entnommen aus: Weber, Miteinander eins werden, Verlag Herder, Freiburg)

5. Gabengebet
Herr Jesus Christus, Brot und Wein bringen wir zu deinem Tisch. Laß uns heute das Mahl mit dir halten, wie du Mahl gehalten hast mit deinen Freunden in Emmaus.

Amen.

6. Gabenbereitung

a) Gabenprozession zum Altar. Kinder und Eltern bilden einen Kreis um den Altar.

b) Lied: Komm her, wir feiern heute. . .

Vierte Strophe: Alle, die da kommen, stellen Brot und Wein bereit.

7. Hinführung zum Hochgebet
Jetzt wollen wir das große Dankgebet sprechen.
Wir wissen, Jesus hat nicht aufgehört, bei uns zu sein.
Er hält mit uns das Mahl – heute.
Er ist uns nahe – heute.
Er gibt sich für uns hin – heute.
Seinen Leib gibt er uns im Brot.
Wir wollen Gott danken für Jesus.

8. Hochgebet
(aus: Drei Hochgebete für Eucharistiefeiern mit Kindern, als Studientexte herausgegeben im Auftrag der Deutschen Bischofskonferenz, Einsiedeln/Freiburg 1975)

Sanktuslied:
Wir wollen singen für Gott, unsern Herrn.
Er schenkt uns Leben, wir danken ihm gern.

9. Tischgebet
Jesus hat schon mit seinen Freunden das Vaterunser gebetet. Wir wollen es jetzt gemeinsam als unser Tischgebet sprechen:
Vater unser. . .

10. Friedensgruß
Wie Jesus unser Freund ist, wollen auch wir Freunde sein. Zum Zeichen dafür geben wir uns die Hand und wünschen uns gegenseitig den Frieden.
Der Friede des Herrn sei allezeit mit euch!

A: Und auch mit dir!

11. Mahl

a) Lied: Komm her, wir feiern heute. . .

Fünfte Strophe: Alle, die da kommen, halten Mahl mit ihm.

b) O Herr, ich bin nicht würdig . . .

c) Verteilung des Brotes an Eltern und Kinder

12. Danksagung
Kehrvers: Kommt, sagt es allen Leuten (siehe S. 122)

Wir danken dir, daß du uns dieses Zeichen gegeben hast. Wir wollen immer wieder gemeinsam das Mahl mit dir halten.
Kehrvers: Kommt, sagt es (siehe S. 122)

Wir danken dir besonders dafür, daß du die Eltern, die in der letzten Zeit krank waren, wieder gesund gemacht hast und daß sie wieder mit uns gemeinsam die heilige Messe feiern können.
Kehrvers: Kommt, sagt es (siehe S. 122)

Wir sind dankbar dafür, daß wir in unserem Kreis schon so oft miteinander lustig und froh sein durften. Laß es noch lange so sein!
Kehrvers: Kommt, sagt es (siehe S. 122)

13. Schlußgebet
Lieber Jesus! In der Zeit vor Ostern hast du auch ein Mahl mit deinen Freunden gehalten, damit sie sich an dich erinnern. Hilf, daß auch wir uns oft an dich erinnern. Amen.

14. Segen

15. Auszug
Lied:
Alleluja, laßt uns singen:
denn die Freudenzeit ist da!
Hoch in Lüften laßt erklingen,
was im dunklen Grab geschah!
Jesus hat den Tod bezwungen
und uns allen Sieg errungen.
Alleluja, Jesus lebt, Jesus lebt, Jesus lebt,
alleluja, Jesus lebt!

Messe am Sonntag, 19. Mai, 9.00 Uhr

Vorbemerkungen

Nachdem wir vor einem Jahr bei einem Wortgottesdienst mit dem Thema: „Das Gleichnis vom liebevollen Vater" feststellen mußten, daß die Erzählform Gleichnis zumindest am damaligen Beispiel für unsere Kinder nicht zugänglich war, wollten wir einen erneuten Versuch wagen.

Diesmal gingen wir nicht von Fakten der Gleichniserzählung aus und suchten dort nach Kindgemäßheit (damals: Familie, Vater, Sohn), sondern wählten das Gleichnis danach aus, ob seine Aussage von unseren Kindern verstanden werden könnte.
So kamen wir von unserer Grundaussage: „Jesus will unser Freund sein" zu dem Thema: Jesus sorgt sich um seine Freunde. Diesen Gedanken des Sich-Sorgens schien uns das Gleichnis vom verlorenen Schaf auszudrücken.
Das zweite Problem war nun, die Aussage des Gleichnisses durch die Erzählung für die Kinder verstehbar zu machen. Da war zum einen der für unsere Kinder nur schwer nachvollziehbare sachliche Hintergrund Schäfer – Schafe, da war andererseits das die inhaltliche Aussage bedingende Ereignis (jemand gibt Anlaß zur Sorge, jemand sorgt sich), mit dem sich die Kinder möglichst identifizieren können sollten.

Das erste (der sachliche Hintergrund) war den Eltern als Hausaufgabe gegeben, die sie entweder durch Erzählung und Bild oder durch die tatsächliche Anschauung einer Schafherde am Stadtrand erledigten. Für die Identifikation mit den handelnden „Personen" des Ereignisses schien uns der Text von Anne de Vries geeignet zu sein.
Sicher ist grundsätzlich gegen derartige Darbietung von Bibeltexten das Argument der unnötigen, unsachgemäßen Verfälschung einzuwenden, vor allem, wenn es um übertrieben historisierte und ausgemalte Schilderungen von Handlungen und Aussagen Jesu und seiner Jünger geht. Da es sich hier aber um ein Gleichnis handelt – Jesus nimmt ja selbst auch die Form einer möglichst anschaulichen Erzählung –, hielten wir es für diesen Sonderfall mit Anne de Vries für recht, die Erzählung noch weiter auf das Verständnis unserer Kinder hin zu veranschaulichen. Um es ganz klar zu machen, daß Jesus hier eine Geschichte erzählt und nicht, wie sonst gewohnt, den Kindern eine Geschichte „über" Jesus erzählt wird, wurde auch der äußere Rahmen der Situation des Geschichtenerzählens angepaßt, wie sie den Kindern aus der Familie her bekannt ist.

Das sehr kurze Gespräch sollte nur die Hauptgedanken zusammenfassen, während die Aussage in dem folgenden Lied, mit den Kindern im Wechselgesang gesungen, konkretisiert wurde.
Bei der kurzen inhaltlichen Aufarbeitung im Gespräch wurde deutlich, daß die Kinder die Aussage des Textes verstanden hatten.

Einen besonderen zusätzlichen Akzent bekam dieser Gottesdienst dadurch, daß die Kinder zum ersten Mal ihren Gesang mit dem Kreis eigenen Orff'schen

Instrumenten begleiteten. (Das Dankgebet nach der Kommunion nimmt Bezug darauf.) Bisher waren diese Instrumente von einer Grundschule ausgeliehen worden. Nun gestand uns der Kirchenvorstand einen eigenen Etat zu, von dem wir als erstes einen Satz Orff'scher Instrumente anschafften. Es handelt sich dabei ausschließlich um Rhythmusinstrumente wie Rasseln, Schellen, Zymbeln, Kastagnetten, Holzblocktrommeln und Klanghölzer. Sie sollen den Gesang der Kinder ausschließlich rhythmisch untermalen und dabei den Ausdrucksmöglichkeiten der Kinder durch Bewegung entgegenkommen. Dazu waren alle Kinder dieses Alters spontan in der Lage.
Eine Melodiebegleitung (Glockenspiel, Xylophon) schien uns unsere Kinder größtenteils zu überfordern. Außerdem hätte diese eingeübt sein müssen, was die Spontaneität beeinträchtigt, und schließlich sind diese Melodieinstrumente nicht so transportabel, daß man mit ihnen mit Gesang durch die Kirche marschieren kann.
Es ist uns klar, daß wir mit dem zunehmenden Alter unserer Kinder in zunehmendem Maße unsere Gottesdienste auch musikalisch differenzierter und anspruchsvoller gestalten werden.

Thema: Wie der Hirte sich um ein verlorenes Schaf kümmert,
so sorgt sich Jesus um uns, seine Freunde.

1. Begrüßung

a) Verteilung der Orff'schen Instrumente
b) Der Priester begrüßt Eltern und Kinder im Vorraum.

2. Einzug
Lied:
Komm her, wir feiern heute.
Komm her, wir feiern heute.
Komm her, wir feiern heute.
Jesus Christus lädt uns selbst dazu ein.

Erste Strophe: Alle sind geladen, jung und alt, arm und reich.

Zweite Strophe: Alle, die da kommen, wollen gute Freunde sein.

3. Tagesgebet
Wir wollen beten, daß Gott immer und überall für uns sorgt. Gott, du bist unser guter Vater. Wir haben schon viel von dir gehört. Wir kennen dich. Wir sind deine Kinder und dürfen dich Vater nennen. Das macht uns sehr froh; denn ein guter Vater sorgt immer und überall für seine Kinder. Auch wenn wir ein-

mal in großer Not oder Gefahr sind, wirst du uns helfen. So bitten wir dich heute, beschütze uns alle, wie ein guter Vater seine Kinder beschützt. Amen.

4. Verkündigung

– Die Kinder sitzen im Halbkreis auf den Stufen.

a) Vorbemerkung: Wir hören gleich eine Geschichte, die Jesus erzählt hat, wie uns die Heilige Schrift berichtet. – So könnte es sich zugetragen haben: Eines Tages besuchten Eltern mit ihren Kindern Jesus. Ein Vater sprach Jesus an: Wir möchten gerne deine Freunde sein! Doch wir kennen dich zu wenig! Wirst du auch wirklich immer unser Freund sein und uns helfen, selbst dann, wenn wir in Not sind und Angst haben? Jesus schaute die Eltern und ihre Kinder an. Dann sagte er: Ja, ich will auch euer Freund sein. Ich werde euch helfen. Ich erzähle euch jetzt eine Geschichte. Diese Geschichte soll euch zeigen, wie gut ich euch helfen werde:

Lesung (nach Lk 15, 1–7)
Lämmchen war ein kleines Schaf. Es wohnte in einem Stall. Dort wohnten noch viel mehr Schafe, wohl an die hundert. Das war eine große Menge, eine große Herde. Während der Nacht war die Tür des Stalles verschlossen. Dann schliefen alle Schafe im warmen Stroh. Und wenn es Morgen wurde, dann kam der gute Hirte. Er öffnete die Tür des Stalles. Er rief alle Schafe beim Namen: „Komm Schwarzköpfchen! Komm Hängeöhrchen!" Er sagte auch: „Komm Lämmchen!" Und die Schafe kannten den guten Hirten wohl. Sie kannten seine Stimme. Sie kamen alle nach draußen! Der gute Hirte sagte: „Nur immer schön nahe bei mir geblieben!" Dann zogen sie zusammen los. Der gute Hirte ging voraus. Die Schafe liefen hinter ihm her. Sie gingen an tiefen Löchern vorbei und über hohe Berge. Und auch über ganz schmale Pfade. Der Weg war oft gefährlich. Aber die Schafe blieben nahe beim guten Hirten, und dann ging auch alles gut. Sie konnten sich nicht verlaufen. Der gute Hirte wußte den richtigen Weg. Und nach einer Weile kamen sie auf die Weide. Dort war es herrlich. Dort wuchs saftiges Gras. Die Schafe durften fressen, soviel sie wollten, aber sie durften nicht fortlaufen. Dann rief der gute Hirte sie zurück. Er hütete die Schafe gut.
Einmal war Lämmchen ein wenig vom Weg abgekommen. Da kam ein wildes Tier herangeschlichen. Das lauerte Lämmchen auf. Das wollte das kleine Schaf packen und auffressen. Aber der gute Hirte sah es wohl. Und da kam er schnell herbeigelaufen. Er hatte keine Angst vor dem gefährlichen Tier. Er jagte es fort mit seinem Stab. Und er sagte zum Lämmchen: „Bleib jetzt ganz nahe bei mir! Bei mir bist du immer sicher!" Aber Lämmchen war ein dummes und ungehorsames Schaf. Es hatte das wilde Tier schnell vergessen und

dachte: ,,Ich kann gut auf mich selbst aufpassen. Ich bin schon groß genug." Und da lief das Schäfchen wieder fort. Es ging seinen eigenen Weg. Es dachte nicht mehr an die Herde. Und so kam es immer mehr von der Herde und vom guten Hirten ab. Dabei wurde es Abend. Und da wollte Lämmchen wieder zurück. Es suchte die anderen Schafe, aber es konnte sie nirgends finden. Es rief ganz laut, aber es bekam keine Antwort. Lämmchen bekam große Angst. Denn nun war es ganz allein auf dem weiten dunklen Feld. Und es konnte den guten Hirten nirgends finden. Es wurde ganz traurig und dachte: ,,Wäre ich nur nie vom guten Hirten fortgelaufen!" Es lief und suchte und irrte umher, aber es war nun ganz finster geworden. Und es waren viele Löcher auf dem Feld. Lämmchen konnte nicht mehr sehen, wohin es lief. Und plötzlich, bums, da fiel es in solch ein Loch. Und da lag das Tierchen nun. Es jammerte und weinte. Seine Füße taten ihm weh. Lämmchen versuchte aufzustehen, aber es ging nicht. Es rief ganz laut: ,,Hilfe! Helft mir doch!" Aber niemand hörte es. Das arme Lämmchen! Würde es nun nie mehr zum guten Hirten kommen?

Der gute Hirte war schon nach Hause gegangen. Er stand am Stall und ließ die Schafe hinein. Und dabei zählte er sie: ,,Eins, zwei, drei, vier . . . zwanzig . . . sechzig . . . hundert!" Nein, es waren keine hundert. Ein Schäfchen war zu wenig. Und dann sah er es: Lämmchen war nicht da. Der gute Hirte war traurig. Denn er liebte das ungehorsame Lämmchen sehr. Und so müde er auch war nach dem langen Tag, er ging nicht nach Hause, um sich auszuruhen. Er kehrte sofort zurück, wieder aufs dunkle Feld, um das verlorene Schäfchen zu suchen. Er ging immer weiter und manchmal stand er still und rief: ,,Lämmchen!" Und plötzlich! Da hörte er etwas. Der gute Hirte lief schnell darauf zu. Und da sah er das verlorene Schäfchen. Es war ein kleiner weißer Fleck in der Finsternis. Wie froh war er! Er nahm das Tierchen in seine starken Arme und trug es durch die Dunkelheit nach Hause. Lämmchen legte seinen Kopf an die Brust des guten Hirten und dachte: ,,Nun bin ich geborgen. Der gute Hirte sorgt nun für mich. Der liebe, gute Hirte! Ich werde nie wieder fortlaufen! Ich werde jetzt immer ganz gehorsam sein!" So kamen sie zum Stall. Der gute Hirte legte das Lämmchen ins Stroh. Er gab ihm Wasser für den Durst. Er verband seinen verletzten Fuß. Und dann erst ging er selber fort, um zu essen, zu trinken und zu ruhen. Und er war sehr froh, weil er das verlorene Schaf wiedergefunden hatte.

Ist das keine schöne Geschichte? Das ist eine Geschichte, die hat Jesus auch erzählt. Und als Jesus sie erzählt hatte, sprach er noch: ,,Ich bin der gute Hirte!" Verstehst du das wohl? Er ist der gute Hirte, und wir sind seine Schafe. Alle Menschen und alle Kinder, die ihn liebhaben, dürfen seine Schafe sein.

Der gute Hirte sorgt für uns, er behütet uns. Wenn wir ungehorsam sind und wenn wir von ihm fortlaufen, dann sucht er uns immer wieder auf. Und er ist froh, wenn er das verlorene Schaf wiedergefunden hat. Der gute Hirte! Laßt uns nur immer nahe bei ihm bleiben! Bei ihm sind wir immer sicher. Bei ihm ist es immer gut.

(Entnommen aus: Anne de Vries, Die Bibel unserer Kinder, Katholisches Bibelwerk / Verlag Veritas, Stuttgart / Linz–Wien, S. 187 ff., © Friedrich Bahn Verlag, Konstanz)

b) Kurzes Gespräch
– Feststellen der wichtigsten Gedanken

c) Lied: Ich hab von einem Mann gehört, der hatte hundert Schafe (siehe S. 131)

5. Gabenbereitung

a) Gabengebet
Herr Jesus Christus, wir bereiten die Gaben Brot und Wein, wir bringen sie zu deinem Tisch, gib, daß die Freundschaft mit dir durch dieses gemeinsame Mahl immer wieder erneuert wird, darum bitten wir. Amen.

b) Gabenprozession zum Altar
Kinder und Eltern bilden einen Kreis um den Altar.

c) Lied:
1. Wir bringen Brot und bereiten das Mahl,
das Mahl, das Jesus mit uns hält.

2. Wir bringen Wein und bereiten das Mahl,
das Mahl, das Jesus mit uns hält.

3. Wir kommen selbst und bereiten das Mahl,
das Mahl, das Jesus mit uns hält.

6. Hinführung zum Hochgebet
Wir beten jetzt das große Dankgebet.
Mit allen Menschen, die Freunde von Jesus sein wollen, dürfen wir uns freuen.
Jesus ist da – heute.
Er will sich wie der gute Hirte um uns kümmern.
Er geht uns nach. Er gibt sogar sein Leben für uns her.
Nun ist er bei uns im Mahl.
Seinen Leib gibt er uns als Brot. Wir dürfen essen.

Dann gehören wir zu ihm.
Wir wollen dem Vater danken für Jesus.

7. Hochgebet
(aus: Drei Hochgebete für Eucharistiefeiern mit Kindern, als Studientexte herausgegeben im Auftrag der Deutschen Bischofskonferenz, Einsiedeln/Freiburg 1975)

Sanktuslied:
Wir wollen singen für Gott, unsern Herrn.
Er schenkt uns Leben, wir danken ihm gern.

8. Tischgebet
Jesus hat schon mit seinen Freunden das Vaterunser gebetet. Wir wollen es jetzt gemeinsam als unser Tischgebet sprechen:
Vater unser. . .

9. Friedensgruß
Wie Jesus unser Freund ist, wollen auch wir Freunde sein. Zum Zeichen dafür geben wir uns die Hand und wünschen uns gegenseitig den Frieden.
Der Friede des Herrn sei allezeit mit euch!

A: Und auch mit dir!

10. Mahl

a) Lied: Komm her, wir feiern heute. . .

Fünfte Strophe: Alle, die da kommen, halten Mahl mit ihm.

b) O Herr, ich bin nicht würdig . . .

c) Verteilung des Brotes an Eltern und Kinder

11. Danksagung
Kehrvers: Danke für diesen guten Morgen (siehe S. 123)

Herr Jesus: Wir wissen, daß du dich immer um uns sorgst, und danken dir dafür. Wir freuen uns, daß wir jetzt in der Frühlingszeit wieder Ausflüge machen und draußen spielen können. Hilf, daß alle Kinder froh sein können!
Kehrvers: Danke für diesen guten Morgen (siehe S. 123)

Wir danken dir, daß du uns heute wieder gezeigt hast, wie schön es ist, ein Gotteskind sein zu dürfen. Hilf doch besonders den Kindern auf der Welt, die noch nichts von dir wissen, daß auch sie dich kennen und lieben lernen.
Kehrvers: Danke für diesen guten Morgen (siehe S. 123)

Heute konnten wir zum ersten Mal mit unseren eigenen neuen Instrumenten unsere Lieder begleiten. Wir danken dir dafür.
Kehrvers: Danke für diesen guten Morgen (siehe S. 123)

12. Schlußgebet
Lieber Gott! Heute haben wir gehört, wie der gute Hirte auf seine Lämmer aufpaßt. Bitte, beschütze auch du uns so, daß keiner von uns verloren geht.

13. Segen

14. Auszug
Lied:
Jesus ruft: Komm her zu mir. Halleluja.
Meine Freundschaft schenk ich dir. Halleluja.

Er hat immer für uns Zeit. Halleluja.
Jesus, sieh, wir sind bereit. Halleluja.

Messe am Sonntag, 16. Juni

Vorbemerkungen

Ermutigt durch die Erfahrungen des vorangegangenen Gottesdienstes, wollten wir das Gleichnis vom liebevollen Vater wieder aufgreifen. Dahinter stand unsere Intention, Perikopen der Heiligen Schrift in Abständen immer neu anzugehen, um so nach und nach einen besseren, erweiterten, reiferen Zugang zu ihnen zu ermöglichen.
Die Aussage dieses Gleichnisses, die auch die Kinder nachvollziehen sollten, konnte nur heißen: Der liebevolle Vater nimmt jeden auf, besonders den, dem es schlecht geht. Gott ist ein solcher liebevoller Vater. Dieser Tenor mußte also bei dem anschaulichen Erzählen deutlich im Vordergrund stehen, wogegen Einzelheiten über den „verlorenen" Sohn vernachlässigt werden konnten.
Um auch hier die Kinder wissen zu lassen, daß es sich um ein Gleichnis, eine Erzählung von Jesus und nicht über Jesus handelt, verlegten wir das Darstellen des Textes (entnommen aus den Erläuterungen zum Wandfries „Von der Liebe des Vaters") in die Familie, wo Vater oder Mutter einige Tage vor dem

Gottesdienst den Kindern die Geschichte erzählten und mit ihnen besprachen.
Durch das Betonen dieser typischen Erzählsituation hofften wir, die Eigenart der Erzählform „Gleichnis" für unsere Kinder besonders deutlich von den anderen Erzählungen aus der Heiligen Schrift abzuheben.

Im Gottesdienst wurde sie vergegenwärtigt, indem die Kinder sie mit Hilfe von Flanellbildern zu diesem Thema nacherzählten. Sie taten es mit großer Sicherheit und Freude, woraus zu schließen war, daß das folgende Lied als bewußte Aussage der Kinder gesungen wurde.
Das Ereignis eines Festes, das auch im Lied Schwerpunkt ist, ermöglichte leicht eine Motivation für das sich anschließende Festmahl mit Jesus.

Thema: Das Gleichnis vom liebevollen Vater. Der gute Vater nimmt ihn, der von allen verlassen war, wieder auf und gibt ein Fest für ihn.

1. Begrüßung

a) Verteilung der Orff'schen Instrumente
b) Der Priester begrüßt Eltern und Kinder im Vorraum.

2. Einzug
Lied: Gott liebt die Kinder (siehe S. 124)

3. Tagesgebet
Gott, unser guter Vater, wir sind deine Kinder, wir sind deine Freunde. Du hast uns sehr lieb. Du willst, daß wir auch untereinander Freunde sind und uns liebhaben. Aber manchmal leben wir nicht wie Freunde zusammen. Wir machen Zank und Streit, wir sind lieblos und manchmal richtig böse. Nachher tut uns das wieder leid. Wir sehen ein, daß Zank und Streit nicht gut waren. Wir wollen uns bemühen, nicht wieder zu streiten. Du freust dich dann über uns, und wir alle sind wieder Freunde. Amen.

4. Verkündigung

a) Inhaltliche Aufarbeitung des Gleichnisses (siehe Vorbemerkungen). An die Kinder werden Figuren eines Flanellbildes verteilt. Mit ihnen wird eine Bilderfolge zum Gleichnis aufgebaut.

b) Lied: Ich hab von einem Mann gehört, der hatt' zwei große Söhne (siehe S. 132)

c) Katechetische Überleitung durch den Priester

– Wir alle sind Kinder eines so guten Vaters. Deshalb feiern wir jetzt zusammen ein Festmahl.

5. Gabenbereitung

a) Gabengebet (1. Hälfte)
Herr Jesus Christus, immer wieder rufst du uns in dein Haus, an deinen Tisch, damit wir das Mahl mit dir halten. Rufe auch alle, die deinen Namen nicht kennen oder noch nie etwas von dir gehört haben. Darum bitten wir. Amen.

b) Gabenprozession zum Altar. Kinder und Eltern bilden einen Kreis um den Altar.

c) Lied:
Komm her, wir feiern heute.
Komm her, wir feiern heute.
Komm her, wir feiern heute.
Jesus Christus lädt uns selbst dazu ein.

Vierte Strophe: Alle, die da kommen, stellen Brot und Wein bereit.

d) Gabengebet (2. Hälfte)
Herr Jesus Christus, wir bringen Brot und Wein auf den Altar für unser Mahl mit dir. Laß uns jetzt mit dir und untereinander verbunden sein. Amen.

6. Hinführung zum Hochgebet
Wir können uns freuen.
Gott ist unser guter Vater.
Jesus ist unser Freund.
Jesus hat uns erzählt: Der Vater wartet auf uns.
Er vergißt keinen. Er liebt uns.

Jesus ist uns jetzt ganz nah.
Er will dies Mahl mit uns halten.
Er will sich hinschenken, wie er sich im Abendmahlssaal für seine Freunde geschenkt hat im Heiligen Brot.

Laßt uns Gott danken, daß es Jesus gibt.
Wir beten das große Dankgebet.

7. Hochgebet
(aus: Drei Hochgebete für Eucharistiefeiern mit Kindern, als Studientexte herausgegeben im Auftrag der Deutschen Bischofskonferenz, Einsiedeln/Freiburg 1975)

Sanktuslied:
Wir wollen singen für Gott, unsern Herrn.
Er schenkt uns Leben, wir danken ihm gern.

8. Tischgebet
Gott will unser guter Vater sein. Wir können immer unsere Bitten an ihn richten. Darum wollen wir vor unserem Mahl mit Jesus beten:
Vater unser. . .

9. Friedensgruß
Wie Jesus unser Freund ist, wollen auch wir Freunde sein. Zum Zeichen dafür geben wir uns die Hand und wünschen uns gegenseitig den Frieden:
Der Friede des Herrn sei allezeit mit euch!
A: Und auch mit dir.

10. Mahl

a) Lied: Komm her, wir feiern heute. . .

Fünfte Strophe: Alle, die da kommen, halten Mahl mit ihm.

b) O Herr, ich bin nicht würdig . . .

c) Verteilung des Brotes an Eltern und Kinder

11. Danksagung
Kehrvers:
Wir können sagen und singen:
Gott sei Dank!
Wir können rennen und springen:
Gott sei Dank!
Wir können andern Freude bringen:
Gott sei Dank!
Wir können singen:
Gott sei Dank!

Gott, du hast den verlorengeglaubten Sohn mit Freuden wieder in dein Haus aufgenommen. Gib, daß wir immer an dich glauben und nie vom rechten Weg abweichen.

Kehrvers: Wir können sagen und singen:
Gott sei Dank. . .

Guter Vater, uns geht es nicht schlecht wie dem verlorenen Sohn, sondern sehr gut. Dafür danken wir und bitten: Laß uns nicht unzufrieden sein, sondern auch an die denken, denen es schlecht geht.

Kehrvers: Wir können klettern und laufen:
Gott sei Dank!
Wir können spielen und raufen:
Gott sei Dank!
Wir können unsern Kopf gebrauchen:
Gott sei Dank!
Wir können singen:
Gott sei Dank!

Heute sind wir zum letzten Mal vor den Sommerferien hier zusammengekommen, um gemeinsam das Mahl zu halten. Wir freuen uns alle auf die schöne Urlaubszeit und bitten dich, Herr Jesus, begleite uns auf unseren Reisen und laß uns gesund und froh heimkehren.

Kehrvers: Wir können klettern und laufen:
Gott sei Dank. . .

12. Schlußgebet
Vater im Himmel! Der Sohn, der so lange von zu Hause weg war, ist wiedergekommen. Wenn auch wir einmal für einige Zeit von dir weggehen sollten, dann zeige uns den Weg zu dir in dein Haus zurück. Amen.

13. Segen

14. Auszug
Lied: Kommt, sagt es allen Leuten (siehe S. 122)

Messe am Sonntag, 25. August, 10.15 Uhr

Vorbemerkungen

Mit all unseren Bemühungen um kindgerechte Gottesdienste standen wir stets in der Gefahr (es wurde uns auch vorgeworfen), unsere Kinder von der Gemeinde wegzuziehen, sie zu einer Elitetruppe mit nur ihr eigenen Gottesdienstformen zu machen. Um dem entgegenzuwirken, um sowohl den Kindern das Erlebnis eines Gottesdienstes in der Gemeinde zu geben, bei dem sie dennoch als mitfeiernde Teilnehmer ernst genommen werden, als auch der Gemeinde zu verdeutlichen, daß wir mit unseren Kindern ein Teil dieser Gemeinde sein wollten, beschlossen wir, in regelmäßigen Abständen unsere Mahlfeier zur Zeit des sonntäglichen Hochamtes mit der Gemeinde zu feiern.

Dabei war es uns wichtig, nicht der Gemeinde eine „Theatervorstellung" über einen kindgemäßen Gottesdienst zu bieten, sondern mit ihr gemeinsam das Herrenmahl zu feiern. Um dieses Ziel zu erreichen, wurden die Gemeindemitglieder u. a. ermuntert (durch kurzes Einüben vor der Messe), unsere Lieder mitzusingen; außerdem setzten wir als Schlußlied bewußt ein Gemeindelied ein. Der Geistliche wandte sich mit seinen Ansprachen stets auch an die Gemeinde.
Von der Gabenbereitung an versammelten wir Eltern und Kinder uns wie gewohnt um den Altar, öffneten aber den Kreis zur Gemeinde hin und stellten beim Friedensgruß durch Händereichen eine Verbindung mit ihr her.

Bei der inhaltlichen Gestaltung dieses Gottesdienstes verwendeten wir den Markustext: „Lasset die Kinder zu mir kommen" und stellten die Messe unter das Thema: „Jesus wartet auf uns." Auch damit hofften wir nicht nur unsere Kinder, sondern auch die Mitglieder der Gemeinde ansprechen zu können.
Als Anschauungsmittel vergrößerten wir den Wandfries zu diesem Thema mit Hilfe eines Episkops auf eine Fläche von etwa 3,50 m × 1,00 m; die Umrisse wurden nachgezeichnet und anschließend farbig ausgemalt. Die dort dargestellten Kinder ließen wir weg. So entstand eine lange grüne Fläche (Wiese), an deren rechtem Ende die Person Jesu mit einladender Geste saß. Die Kinder wurden in entsprechender Größe in den Familien gemalt und ausgeschnitten. So konnte beim Gespräch im Gottesdienst jedes unserer Kinder eine von ihm erstellte Figur an den großen Wandfries heften. Wie Eltern vom häuslichen Malen berichteten, hatten sich die Kinder deutlich mit den von ihnen gemalten Kindern identifiziert und so handelnd das gestellte Thema mitvollzogen.

Thema: Jesus wartet auf uns.

1. Begrüßung

a) Verteilung der Orff'schen Instrumente
b) Der Priester begrüßt Eltern und Kinder im Vorraum.

2. Einzug

a) Lied:
Komm her, wir feiern heute.
Komm her, wir feiern heute.
Komm her, wir feiern heute.
Jesus Christus lädt uns selbst dazu ein.

Erste Strophe: Alle sind geladen, jung und alt, arm und reich.

b) Der Priester begrüßt die Gemeinde.

3. Tagesgebet
Vater im Himmel, Jesus ruft Eltern und Kinder in seine Nähe. Er will nicht nur die Gemeinde der Großen in seine Liebe einschließen, sondern auch die Kinder. Heute freuen wir uns, daß die Kinder mit der Gemeinde dich loben und den Dank feiern. So wird Jesus uns segnen. Amen.

4. Verkündigung

a) Lesung (nach Mk 10, 13–16)
Einmal war Jesus mit seinen Freunden in der Nähe eines Städtchens. Es waren Leute zu ihm gekommen, sie hatten Sorgen und wollten ihn nach Gott fragen. Jesus sagte ihnen, was der Vater im Himmel will. Da kamen auch ein paar Mütter. Sie hatten ihre Kinder mitgebracht. Sie wollten Jesus ihre Kinder zeigen, er sollte sie segnen. – Als die Freunde Jesu die Kinder ankommen sahen, wurden sie ärgerlich: „Was sollen auch noch die Kinder hier! Die verstehen sowieso noch nichts vom Himmelreich!" – Sie waren gar nicht freundlich zu den Frauen, sondern schickten sie mitsamt ihren Kindern weg. Aber Jesus hatte bemerkt, was da vorging. Er sprach: „Laßt doch die Kinder zu mir kommen, und schickt sie nicht fort!" Jesus meinte nämlich, die Kinder könnten doch schon etwas vom Himmelreich verstehen: „Sie sollen spüren, daß ich sie ganz lieb habe." Und was macht er? Er nimmt sie in seine Arme – so wie Mutter ihre Susanne –, ganz nah bei ihm dürfen sie sein – wie Andreas bei seinem Vater. Und er segnet alle. Da haben sich die Kinder aber gefreut! Sie sind bestimmt wieder zu ihm hingelaufen, wenn sie ihn irgendwo gesehen haben. Und sie haben etwas ganz Wichtiges vom Himmelreich dabei gelernt: Dort dürfen wir beim Heiland sein. Er mag uns.
(Entnommen aus den Erläuterungen zum Wandfries „Lasset die Kinder zu mir kommen", Christophorus-Verlag, Freiburg)

b) Ansprache

– Gespräch mit den Kindern: Jesus wartet auf uns. Die Kinder heften dabei ihre Bilder an den Wandfries.

– Begründung einer eigenen Ansprache für die Erwachsenen vor den Kindern: Wir zusammen bilden die Gemeinde.

– Ansprache an die Erwachsenen

c) Lied:

Jesus ruft: Komm her zu mir. Halleluja.
Meine Freundschaft schenk ich dir. Halleluja.

Er hat immer für uns Zeit. Halleluja.
Jesus, sieh, wir sind bereit. Halleluja.

5. Gabenbereitung

a) Lied:

Schau auf uns, Herr, sieh, wir bringen
Brot und Wein und uns zu deinem Tisch.
Schau auf uns, Herr, sieh, wir bringen
Brot und Wein und uns zu deinem Tisch.

b) Bereitung der Gaben

– Fam. H.: Hostien der Gemeinde zum Altar bringen
– Fam. J. und G.: Brot, Wein und Wasser zum Altar bringen
– Fam. Pf., W. und zwei Herren vom Kirchenvorstand: Kollekte
– Die übrigen Eltern und Kinder bilden einen Kreis um den Altar.

c) Gabengebet

Herr Jesus Christus, wir sind in dein Haus gekommen, denn du erwartest uns. Schau auf die Gaben Brot und Wein, die wir zu deinem Tisch bringen. Laß uns durch dieses gemeinsame Mahl untereinander und mit dir verbunden sein. Darum bitten wir. Amen.

6. Hinführung zum Hochgebet

Jesus hat uns lieb. Er ruft uns alle zu sich, Kinder und Erwachsene.
Er wartet auf uns.
Bei diesem Mahl ist er uns ganz nah.
Er will sich im Heiligen Brot an uns verschenken, wie er sich im Abendmahlssaal an seine Freunde verschenkt hat.

Laßt uns Gott danken, daß es Jesus gibt.
Wir beten das große Dankgebet.

7. Hochgebet
(aus: Drei Hochgebete für Eucharistiefeiern mit Kindern, als Studientexte herausgegeben im Auftrag der Deutschen Bischofskonferenz, Einsiedeln/Freiburg 1975)

Sanktuslied:
Lobet, ja lobet den Herrn. Alleluja.
Singet und spielet dem Herrn. Alleluja.

8. Tischgebet
– Eltern und Kinder bilden ein Dreieck zwischen Altar und Gemeinde und stellen so die Verbindung zur Gemeinde her.
– Vater unser. . . (gesungen, siehe S. 135)

9. Friedensgruß
Wie Jesus unser aller Freund sein will, wollen auch wir Freunde sein. Zum Zeichen dafür geben wir einander die Hand und wünschen uns gegenseitig den Frieden:
Der Friede des Herrn sei allezeit mit euch!
A: Und auch mit dir.

10. Mahl
a) O Herr, ich bin nicht würdig . . .
b) Verteilung des Brotes an Eltern, Kinder und Gemeinde
c) Lied während der Kommunionausteilung: Komm her, . . .

11. Danksagung
Kehrvers:
Er ist da, wenn voll Sonne ein Tag beginnt.
Er ist da, wenn im Bett liegt ein krankes Kind.
Er ist da, wenn beim Mahl wir zusammen sind.
Sing: Ja, er ist da!

Jesus, du hast gesagt: Laßt die Kinder zu mir kommen. Wir glauben, daß du immer dein Haus offen hältst, damit wir zu dir gehen können. Wir wollen vielen Kindern sagen, daß du die Kinder, aber auch die Erwachsenen lieb hast.

Kehrvers: Er ist da. . .

Jesus, wir danken dir, daß wir uns in deinem Haus versammeln dürfen. Der Gottesdienst hat uns Freude gemacht. Aber es gibt sehr viele Menschen auf der Welt, die ohne Freude sind. So z. B. viele Kinder, Männer und Frauen auf der Insel Zypern, wo der Krieg herrscht. Ob in Zypern die Kinder und Eltern unser Lied auch singen können?

Kehrvers: Er ist da. . .

Jesus, du hast Eltern und Kindern das Heilige Brot geschenkt. Laß in diesem Heiligen Brot unsere ganze Gemeinde zusammengehören.

Kehrvers: Er ist da. . .

12. Schlußgebet
Lieber Vater im Himmel, du liebst uns und rufst uns alle zu dir! Laß alle Menschen diesen Ruf hören, damit sie durch deine Liebe Gotteskinder werden. Amen.

13. Segen

14. Auszug
Lied: Nun danket all und bringet Ehr (siehe S.127)

Messe am Samstag, 28. September, 8.30 Uhr

Vorbemerkungen

Den Themenbereich Essen, Mahlhalten, Feiern wollten wir in diesem Gottesdienst wieder einmal aufgreifen. Wir nahmen dazu die Perikope von der Hochzeit zu Kana, um an ihr die Aussage: ,,Da, wo Jesus bei den Menschen ist, mit ihnen feiert, werden die Menschen froh'' zu verdeutlichen. So sollte unserer Mahlfeier mit Jesus ein neuer Aspekt hinzugefügt werden.
Nach der Darbietung des Textes, bei dessen Gestaltung die von uns beabsichtigte Aussage bestimmend war, wurde die Begebenheit von unseren Kindern mit viel Freude mit Hilfe der Flanellbilder zu diesem Thema noch einmal konkretisiert. So war es recht leicht, in einem Gespräch unsere beabsichtigte Aussage zu entwickeln.

Um den Gedanken des Festmahls noch deutlicher zu machen, versuchten wir eine neue liturgische Form des Mahlhaltens. Die Worte des Einsetzungsbe-

richtes wurden im selben Augenblick tatsächlich ausgeführt, d. h. die Hostien wurden bei den Worten: „Er brach es und teilte es an die Jünger aus" auch wirklich verteilt. Damit ein gleichzeitiges Essen möglich wurde, gab der Geistliche an jede Familie eine große Hostie, die Vater oder Mutter je nach Zahl der Familienangehörigen brach und an diese weiterreichte. Ebenfalls wurde der Becher mit Wein herumgereicht, und auch die Kinder nahmen einen Schluck daraus.
Nachträglich empfanden wir diese Art des Kommunizierens als eine Möglichkeit, die man bei besonderen Anlässen praktizieren kann, die aber nicht üblich sein sollte. Bezeichnend war die Aussage eines Jungen in einem späteren Gespräch: Er hatte es nicht gut gefunden, die Hostie vom Vater gereicht zu bekommen. Seine Begründung: Der Vater sei nicht „heilig" genug. Im übrigen hat die Kirchenleitung darauf hingewiesen, daß die Praxis nicht mit den liturgischen Bestimmungen vereinbar sei und daher in dieser Veröffentlichung nicht empfohlen werden dürfe.
Die Erfahrung des gemeinsamen Mahles wurde noch dadurch verstärkt, daß im Anschluß an die Messe ein fröhliches Frühstück mit Kaffee bzw. Kakao stattfand. Diese Einrichtung des anschließenden gemeinsamen Frühstücks (erstmalig vor der Erstkommunionmesse) wurde jetzt zum festen Bestandteil eines jeden unserer Gottesdienste. Daraus ergab sich, daß wir die Gottesdienste auf 8.30 Uhr vorverlegten, so daß anschließend wirklich gefrühstückt wurde.

Thema: Da wo Jesus bei den Menschen ist, mit ihnen feiert, werden die Menschen froh. Die Hochzeit zu Kana

1. Begrüßung

a) Verteilung der Orff'schen Instrumente
b) Der Priester begrüßt Eltern und Kinder im Vorraum.

2. Einzug
Lied: Gott liebt die Kinder (siehe S. 124)

3. Tagesgebet
Wir wollen beten. Gott, unser Vater. Wir Menschen, Kinder und Erwachsene, möchten gern immer froh und glücklich sein. Dein Sohn Jesus, der uns Menschen gut kennt, weiß das. Darum hat er sich um die Menschen gekümmert und sie froh gemacht. In diesem Gottesdienst will er bei uns sein und auch uns froh machen. Amen.

4. Verkündigung

a) Lesung (nach Joh 2, 1–11)
Jesus war mit seiner Mutter Maria zu einer Hochzeit eingeladen. Viele Leute waren auf diesem großen Fest. Sie aßen gut, tranken Wein und waren ganz ausgelassen vor Freude.
Da reichte der Wein nicht mehr. Sie hatten nichts mehr zu trinken. Die Diener konnten nichts mehr ausschenken und wußten nicht, was sie tun sollten. Die Hochzeitsgäste wollten weiterfeiern, doch es fehlte der Wein. Maria bemerkte das und dachte: Jesus kann helfen. Sie ging zu den Dienern und gab ihnen den Rat: „Geht zu Jesus und macht genau das, was er euch sagt." Da standen sechs große Steinkrüge, in denen sonst Wasser aufbewahrt wurde. Sie waren jetzt leer. Jesus zeigte auf die Wasserkrüge und sagte zu den Dienern: „Holt Wasser und macht die Krüge bis zum Rand voll!" Eifrig liefen sie und füllten die Krüge. Als sie alle voll waren, sagte Jesus: „Schenkt den Gästen davon aus!"
Als die Hochzeitsgäste von dem Wasser aus den Krügen probierten, war es köstlicher Wein. So war das große Fest noch nicht zu Ende. Sie feierten weiter, freuten sich und tranken von dem Wein, den Jesus ihnen geschenkt hatte.

b) Gespräch
Auf der Hochzeit zu Kana hat Jesus den Menschen den Wein geschenkt. Er hat sie so froh gemacht.

Anschauungsmittel: Flanellbilder

c) Lied:
Komm her, wir feiern heute.
Komm her, wir feiern heute.
Komm her, wir feiern heute.
Jesus Christus lädt uns selbst dazu ein.

Fünfte Strophe: Alle, die da kommen, halten Mahl mit ihm.

5. Gabenbereitung

a) Lied:
1. Wir bringen Brot und bereiten das Mahl,
das Mahl, das Jesus mit uns hält.

2. Wir bringen Wein und bereiten das Mahl,
das Mahl, das Jesus mit uns hält.

3. Wir kommen selbst und bereiten das Mahl,
das Mahl, das Jesus mit uns hält.

– Kinder bringen die Gaben (Brot, Wein und die Brote für das Frühstück) zum Altar. Eltern und Kinder stellen sich um den Altar.

b) Gabengebet
Herr Jesus Christus, du hast gesagt: „Ich stehe vor eurer Tür. Wenn ich anklopfe und ihr mich einlaßt, will ich das Mahl mit euch halten.“ Wir bringen jetzt Brot und Wein zum Altar für das Mahl, das wir mit dir feiern wollen. Schau auf uns, Herr, und auf die Gaben Brot und Wein. Darum bitten wir. Amen.

6. Hinführung zum Hochgebet
Wir können uns freuen und dankbar sein,
daß Jesus bei uns sein will. Er will die Menschen froh machen. Er will auch uns alle froh machen.

Bei diesem Mahl ist er uns ganz nah.
Er will sich im Heiligen Brot an uns verschenken,
wie er sich im Abendmahlssaal an seine Freunde verschenkt hat.

Laßt uns Gott danken, daß es Jesus gibt.
Wir beten das große Dankgebet.

7. Hochgebet
(aus: Drei Hochgebete für Eucharistiefeiern mit Kindern, als Studientexte herausgegeben im Auftrag der Deutschen Bischofskonferenz, Einsiedeln/Freiburg 1975)

Sanktuslied:
Lobet, ja lobet den Herrn. Alleluja.
Singet und spielet dem Herrn. Alleluja.

8. Tischgebet
Vater unser. . .
(gesungen, siehe S. 135)

9. Dankgebet
Kehrvers:
Er ist da, wenn voll Sonne ein Tag beginnt.
Er ist da, wenn im Bett liegt ein krankes Kind.
Er ist da, wenn beim Mahl wir zusammen sind.
Sing: Ja, er ist da!

Jesus, auch heute haben wir mit dir in deinem Hause feiern dürfen. Das hat uns froh gemacht. Dafür danken wir dir. Hilf uns, daß wir diese Freude behalten und durch unser Handeln an viele Menschen weitergeben können!
Kehrvers: Er ist da. . .

Jesus, du hast mit den Menschen gefeiert, und sie waren froh. Wir alle kennen frohmachende Feste und sind dankbar dafür. Aber es gibt viele Kinder und Erwachsene, die krank, einsam oder in großer Not sind und schon lange nicht mehr gefeiert haben. Für sie bitten wir dich heute ganz besonders.
Kehrvers: Er ist da. . .

Feiern macht Spaß. Jesus, auch du hast gefeiert, z. B. auf der Hochzeit zu Kana. Jesus, wir sehen allerdings auch die Not, den Hunger, die Hilflosigkeit in dieser Welt. Wir wollen mit dir dagegen kämpfen. Aber wir wollen darüber das Feiern mit dir und anderen Menschen nicht vergessen.
Kehrvers: Er ist da. . .

10. Friedensgruß
Wie Jesus unser aller Freund sein will, wollen auch wir Freunde sein. Zum Zeichen dafür geben wir einander die Hand und wünschen uns gegenseitig den Frieden:
Der Friede des Herrn sei allezeit mit euch.
A: Und auch mit dir.

11. Segen

12. Auszug
Lied: Kommt, sagt es allen Leuten (siehe S. 122)

Messe am Sonntag, 20. Oktober, 8.30 Uhr

Vorbemerkungen

Die Frage, woher die Erzählungen über Jesus stammen, wer sie aufgeschrieben hat, war seit einiger Zeit von verschiedenen Kindern gestellt worden. Da wir in unserer Kirche einen Altartisch haben, dessen Tischplatte von vier nebeneinander stehenden Steinsäulen getragen wird, an deren Vorderseite jeweils ein Evangelist mit seiner Symbolfigur reliefartig herausgearbeitet ist, nahmen wir diese Frage zum Thema für einen Gottesdienst.

Zweierlei hofften wir in eins zu leisten. Zum einen hätten wir wieder einmal einen den Kirchenraum mitbestimmenden Gegenstand in den Blick der Kinder gerückt und verständlich gemacht, zum anderen wäre das Thema: „Die Heilige Schrift als das niedergeschriebene gläubige Zeugnis der ersten Christen von Jesus" den Kindern vorgestellt worden.
Da es in der Heiligen Schrift keinen Bericht über deren Entstehung gibt, gingen wir einen anderen Weg. Als erstes wurden die Altarträger, die Steinsäulen mit den vier Evangelisten, genau betrachtet, besprochen und schließlich benannt. Für die Kinder, die schon zur Schule gingen und ein wenig lesen konnten, wurden große Namenskarten dazugestellt. Daran schloß sich die recht anschauliche Erzählung von der mutmaßlichen Entstehung des Markusevangeliums an (aus: „Wie wir Menschen leben. Ein Religionsbuch 2", Verlag Herder, Freiburg, S. 60 f.). Gleichsam als Realisierung des bis hier Gehörten wurde jetzt ein den Kindern bekanntes Stück aus dem Markusevangelium (Mk 10, 13–16: Lasset die Kinder zu mir kommen) vorgelesen. Anschaulich gestützt wurde diese Lesung dadurch, daß ein großes Evangelienbuch, das bis zur Lesung zwischen zwei Kerzen auf dem Altar gestanden hatte, in einer kleinen Prozession zum Ambo gebracht wurde, wo dann der Geistliche die Perikope vorlas.

Als handgreiflichen Besitz und Gesprächsanlaß für die Familie überreichten wir den Kindern beim anschließenden Frühstück eine Kunstpostkarte mit einer mittelalterlichen Darstellung der vier Evangelisten mit ihren Symbolfiguren, die um den in der Mitte thronenden Christus angeordnet sind.

Thema: Die vier Evangelisten haben die Geschichten von Jesus aufgeschrieben.
(Das Evangelienbuch steht auf dem Altar, rechts und links Kerzen.)

1. Begrüßung

a) Verteilung der Orff'schen Instrumente
b) Der Priester begrüßt Eltern und Kinder im Vorraum.

2. Einzug
Lied: Gott liebt die Kinder (siehe S. 124)

3. Tagesgebet
Wir wollen beten: Gott, du unser Vater, wir sind wieder in dein Haus gerufen durch Jesus. Durch Jesus schenkst du uns dein Wort. Jesus hat viel von dir

den Menschen erzählt. Was Jesus von dir, Vater, gesagt hat, ist Wahrheit. Wir danken dir heute einmal besonders, daß Jesus uns dich verkündigt hat. Amen.

4. Verkündigung

a) Gespräch über die Altarträger (Namenskarten werden aufgestellt.)

b) Darbietung des Textes
In den ersten Gemeinden sind Schriften entstanden. Wir nennen sie Neues Testament.

Die folgende Geschichte von Markus erzählt uns, wie eine solche Schrift vielleicht entstanden ist.
Es ist Abend geworden. In den schmalen Gassen zwischen den hohen Häusern der großen Stadt Rom wird es dunkel. Jetzt erst wagen Linus und Kletus über die Straße zu gehen. Am Tage ist es gefährlich. Denn Nero, der Kaiser, läßt die Christen gefangennehmen und sogar töten. Vor einigen Tagen erst ist Petrus, der Apostel, hingerichtet worden.
Linus und Kletus klopfen an die Tür eines Hauses. Eine junge Frau läßt sie eintreten. Im großen Wohnraum sind schon viele andere Christen versammelt. Auf dem Tisch steht eine Schale mit Brot und ein Krug mit Wein.
„Kommt, wir wollen miteinander das Mahl halten", sagt Donatus, der Älteste, „genauso, wie wir es taten, als Petrus noch bei uns war."
„Aber Petrus ist tot", antwortete Linus. „Wer wird uns jetzt von Jesus erzählen? Petrus war lange Zeit mit Jesus zusammen. Dem Petrus ist Jesus nach seinem Tode erschienen. Aber keiner von uns hat Jesus gehört und gesprochen. Wer soll jetzt verkündigen, was Jesus für uns getan hat?"
Kletus nickte: „Ich meine, wir sollten einmal alles aufschreiben, was Petrus gepredigt hat. Dann können wir seine Predigten bei unseren Versammlungen vorlesen."
Da sagte die junge Frau: „Das könnte doch am besten Markus. Er ist doch viele Jahre mit Petrus umhergezogen. Er hat doch selbst schon an vielen Orten über Jesus gepredigt."
„Ja, das ist ein guter Gedanke", rufen alle, „Markus, das ist eine Aufgabe für dich."
Markus, der bis jetzt still dagesessen hat, steht auf. „Brüder, das will ich gerne tun. Aber denkt daran, ich bin keiner von den 12 Aposteln. Ich war nicht mit Jesus zusammen so wie Petrus."
„Das ist nicht schlimm", sagte der Älteste, „du sollst ja nur aufschreiben, was Petrus erzählt und gepredigt hat. Wir alle helfen dir dabei."
Nun meldet sich Natan. Er ist ein Jude und ist aus Jerusalem gekommen. Dort gehört er zur Gemeinde der Christen. „Ich weiß auch noch vieles von Jesus,

was Petrus hier nicht gepredigt hat. Wir haben in Jerusalem auch schon etwas aufgeschrieben, was andere Apostel verkündet haben. Ich reise bald wieder nach Jerusalem und werde die Schriftrolle besorgen."
In den nächsten Wochen und Monaten sieht man Markus nur selten. Er sitzt in seinem kleinen Zimmer und schreibt alles auf, was er von Petrus und den anderen Christen über Jesus erfahren hat: Was Jesus getan hat, was Jesus verkündigt hat, wie es dazu kam, daß Jesus gekreuzigt wurde, und was nach dem Tode Jesu geschah.
Endlich ist es soweit. Die Gemeinde ist versammelt. Sie beten miteinander. Da steht Markus auf, rollt seine Schriftrolle auseinander und liest vor. „Seine Lesung ist gut", sagen die anderen, „es ist genauso, als ob man die Apostel hörte, wie sie die Botschaft von Jesus verkündigen. Was Markus geschrieben hat, soll ‚Frohe Botschaft', Evangelium, heißen."
Dann brechen sie das Brot und essen miteinander.
(Entnommen aus: „Wie wir Menschen leben. Ein Religionsbuch 2", Verlag Herder, Freiburg, S. 60 f.)

c) Das Evangelienbuch wird zum Ambo getragen.

d) Lesung (nach Mk 10, 13–16)
Einmal war Jesus mit seinen Freunden in der Nähe eines Städtchens. Es waren Leute zu ihm gekommen, sie hatten Sorgen und wollten ihn fragen. Und Jesus sagte ihnen, was der Vater im Himmel will. Da kamen auch ein paar Mütter. Sie haben ihre Kinder mitgebracht. Sie wollten Jesus ihre Kinder zeigen, er sollte sie segnen. – Als die Freunde Jesu die Kinder ankommen sahen, wurden sie ärgerlich: „Was sollen auch noch die Kinder hier! Die verstehen sowieso noch nichts vom Himmelreich." – Sie waren gar nicht freundlich zu den Frauen, sondern schickten sie mitsamt ihren Kindern weg. Aber Jesus hatte bemerkt, was da vorging. Er sprach: „Laßt doch die Kinder zu mir kommen, und schickt sie nicht fort!" Jesus meinte nämlich, die Kinder könnten doch schon etwas vom Himmelreich verstehen: „Sie sollen spüren, daß ich sie ganz lieb habe!" Und was macht er? Er nimmt sie in seine Arme – so wie Mutter ihre Susanne –, ganz nah bei ihm dürfen sie sein – wie Andreas bei seinem Vater. Und er segnet alle. Da haben sich die Kinder aber gefreut! Sie sind bestimmt wieder zu ihm hingelaufen, wenn sie ihn irgendwo gesehen haben. Und sie haben etwas ganz Wichtiges vom Himmelreich dabei gelernt: Dort dürfen wir beim Heiland sein. Er mag uns.

(Entnommen aus den Erläuterungen zum Wandfries „Lasset die Kinder zu mir kommen", Christophorus-Verlag, Freiburg)

5. Gabenbereitung

a) Lied:
1. Wir bringen Brot und bereiten das Mahl,
das Mahl, das Jesus mit uns hält.

2. Wir bringen Wein und bereiten das Mahl,
das Mahl, das Jesus mit uns hält.

3. Wir kommen selbst und bereiten das Mahl,
das Mahl, das Jesus mit uns hält.

b) Gabenprozession zum Altar. Kinder und Eltern bilden einen Kreis um den Altar.

c) Gabengebet
Herr Jesus Christus, wir haben dein Wort gehört. Wir wissen, daß du jetzt bei uns bist. Bleibe bei uns, wir wollen das Mahl mit dir feiern. Brot und Wein bringen wir zum Altar. Durch dieses gemeinsame Mahl wollen wir mit dir und untereinander verbunden sein. Darum bitten wir. Amen.

6. Hinführung zum Hochgebet
Wir können uns freuen: Wir wissen, Gott hat die Kinder lieb. Das hat Jesus uns heute in der frohen Botschaft gezeigt. Heute sind wir die Kinder, die zu ihm kommen.
Er ruft uns an seinen Tisch. Er ruft die Kinder, die Eltern, den Priester.
Er will sich an diesem Tisch an uns verschenken, wie er sich beim Abendmahl an seine Jünger verschenkt hat im Heiligen Brot. Laßt uns dem Vater danken für Jesus.

7. Hochgebet
(aus: Drei Hochgebete für Eucharistiefeiern mit Kindern, als Studientexte herausgegeben im Auftrag der Deutschen Bischofskonferenz, Einsiedeln/Freiburg 1975)

Sanktuslied:
Lobet, ja lobet den Herrn. Alleluja.
Singet und spielet dem Herrn. Alleluja.

8. Tischgebet
Gott will unser guter Vater sein. Wir können immer unsere Bitten an ihn richten. Darum wollen wir vor unserem Mahl mit Jesus beten:
A: Vater unser. . . (gesungen, siehe S. 135)

9. Friedensgruß
Wie Jesus unser Freund ist, wollen auch wir Freunde sein. Zum Zeichen dafür geben wir uns die Hand und wünschen uns gegenseitig den Frieden:
Der Friede des Herrn sei allezeit mit euch!
A: Und auch mit dir.

10. Mahl
a) O Herr, ich bin nicht würdig . . .
b) Verteilung des Brotes (eine große Hostie für jede Familie)

11. Danksagung
Kehrvers:
Wir können sagen und singen:
Gott sei Dank!
Wir können rennen und springen:
Gott sei Dank!
Wir können andern Freude bringen:
Gott sei Dank!
Wir können singen:
Gott sei Dank!

Jesus, wir freuen uns, daß dein Evangelist Markus so viel von dir aufgeschrieben hat. Wir haben bisher durch Markus schon sehr viel von dir gehört und werden noch eine Menge aus deinem Leben hören können.
Kehrvers: Wir können sagen und singen:
Gott sei Dank!. . .

Jesus, alles, was wir schon über dich gehört haben, wurde von den Evangelisten aufgeschrieben. Unsere Eltern, Priester und Lehrer haben es uns weitererzählt. Wir danken dir für all diese Menschen und bitten dich, beschütze sie. Auch wir wollen anderen von dir erzählen.
Kehrvers: Wir können sagen und singen:
Gott sei Dank!. . .

Jesus, Markus und die andern drei Evangelisten haben von dir erzählt, daß du vielen Menschen geholfen hast, z. B. daß du einen Blinden sehend gemacht hast. Jesus, wir sollten daraus lernen, daß auch wir den Menschen helfen sollten. Wir sollten darüber nachdenken, wie wir unsern Eltern, unsern Geschwistern und unsern Mitschülern helfen könnten.
Kehrvers: Wir können sagen und singen:
Gott sei Dank!. . .

12. Schlußgebet
Zum Schluß des Gottesdienstes beten wir: Gott unser Vater, du liebst alle Menschen. Am heutigen Sonntag beten alle Freunde von Jesus für alle Menschen, die dich und Jesus noch nicht kennen. Wir bitten dich, laß alle Kinder in der Welt und alle Menschen einmal um deinen Tisch versammelt sein und dir danken und glücklich sein wie wir. Amen.

13. Segen

14. Auszug
Lied:
Er kam zu uns, er kam zu uns,
er kam zu uns in uns're Welt.
Jesus will jetzt unser Freund sein.
Er kam zu uns in uns're Welt.

Messe am Sonntag, 17. November, 8.30 Uhr

Vorbemerkungen

In diesem Gottesdienst sollte Jesus als der gute Freund, der für die da ist, die sich in irgendeiner Not befinden, den Kindern vorgestellt werden.
Die Perikope von der Stillung des Sturmes war den Kindern von den Vorbereitungsnachmittagen auf die Erstkommunion her bekannt. Im Sinne unserer Intention der vertiefenden Wiederholung wollten wir sie hier wieder aufgreifen, zumal gerade hier an der Nordseeküste die Thematik zu dieser Jahreszeit besonders aktuell ist.
Als Anschauungsmittel verwendeten wir drei sehr eindrucksvolle Dias von einem Tanker in schwerem Sturm, die ein Mitglied unseres Kreises selbst gemacht hatte. Bei dem Gespräch über diese Bilder erinnerten sich spontan einige Kinder an die analoge Erzählung mit Jesus. Da die Kinder von den Dias sehr stark emotional angesprochen waren, ließen wir eine knappe Darstellung der biblischen Erzählung folgen, wie sie uns in ausgezeichneter Form in der Reihe: „Was uns die Bibel erzählt" vorlag.
Beeindruckend für die beobachtenden Eltern war die anschließende Umsetzung des Gehörten in die Aktivität der zeichnerischen Darstellung. Vorbereitet waren zwei große weiße Bögen (jeweils DIN A 0). Auf dem einen war der Umriß eines Schiffes bei ruhiger See, auf dem anderen der eines Schiffes bei bewegter See (Bug zeigte schräg nach oben) vorgegeben. Den Kindern wurde

vorgeschlagen, sich für eines der beiden Bilder zu entscheiden und es dann gemeinsam entsprechend der geforderten Situation fertigzustellen. Wachsmalstifte standen in ausreichender Zahl zur Verfügung.
Wie von selbst ergaben sich zwei etwa gleichgroße Gruppen – auch die sonst mehr zurückhaltenden Kinder wurden mitgerissen –, und mit großer Begeisterung wurden arbeitsteilig in gegenseitiger Absprache die Gemeinschaftsarbeiten erstellt. Feinsinnig hatten die Kinder die jeweilige Situation der Bilder erfaßt und stellten sie richtig dar.
Beim anschließenden Frühstück bekamen diese Werke einen Ehrenplatz, und jedes Kind stellte noch einmal voll Genugtuung seinen Anteil an dieser Gemeinschaftsarbeit fest.
Das neue Lied dieses Gottesdienstes: „Kinder, welche Freude" war schon zu Hause öfter gesungen worden, so daß es beim Gottesdienst größtenteils bekannt war.

Thema: Jesus stillt den Sturm auf dem Meer.

1. Begrüßung

a) Verteilung der Orff'schen Instrumente
b) Der Priester begrüßt Eltern und Kinder im Vorraum.

2. Einzug
Lied:
Kinder, welche Freude, Jesus lädt uns ein,
er lädt uns ein, er lädt uns ein.
Kinder, welche Freude, Jesus lädt uns ein.
Seine Freunde wollen wir sein.

1. Wir stellen uns um seinen Tisch,
wir hören auf sein Wort.
Er geht zu dem, den keiner mag,
den, der weint, schickt er nicht fort.

2. Wir stellen uns um seinen Tisch,
sein Brot teilt er uns aus.
Wie er für andre da zu sein,
schickt er uns zu den Menschen hinaus.

3. Tagesgebet
Guter Gott, mit Jesus sind wir am Sonntag in der Kirche versammelt. Wir wollen zuhören, wenn Jesus heute wieder zu uns spricht. Wir wollen Jesus immer

mehr kennenlernen, damit wir ihn auch immer mehr lieben. Dazu hilf uns. Amen.

4. Verkündigung

a) Dias vom Sturm auf See (Tanker bei Schlechtwetter)
Gespräch über Dias:
Erinnerung: Jesus stillt den Sturm.

b) Lesung (nach Mk 4, 35–41)
Jesus steigt in ein Schiff. Die Jünger gehen mit. Sie fahren über einen großen See.
Jesus schläft.
Auf einmal kommt ein starker Wind auf. Überall sind hohe Wellen. Die Wellen werden gefährlich.
Jesus schläft immer noch.
Sie gehen zu ihm hin und rufen laut: Herr, hilf! Wir ertrinken!
Jesus sagt: Warum habt ihr Angst? Ich bin doch da!
Er befiehlt dem Wind und den Wellen:
Still!
Da wird es ganz still.
Die Jünger fragen verwundert:
Wer ist das? Wind und Wellen tun, was er sagt!
Das Schiff fährt ruhig weiter.

(Entnommen aus: „Jesus und der Sturm", Reihe: Was uns die Bibel erzählt, Württembergische Bibelanstalt, Stuttgart)

c) Die Kinder malen
– Schiff bei ruhiger See } Schiffskontur ist vorgegeben.
– Schiff im Sturm }
(2 Bögen DIN A 0)
– Die Kinder können sich für eine der Möglichkeiten entscheiden.

5. Gabenbereitung

a) Lied:
Komm her, wir feiern heute.
Komm her, wir feiern heute.
Komm her, wir feiern heute.
Jesus Christus lädt uns selbst dazu ein.

Vierte Strophe: Alle, die da kommen, stellen Brot und Wein bereit.

b) Gabenprozession zum Altar. Kinder und Eltern bilden einen Kreis um den Altar.

c) Gabengebet
Gott, wir haben Brot und Wein für Jesus zum Altar gebracht. Nimm diese Gaben unserer Liebe an. Sie sollen ein Zeichen sein, daß wir ganz nahe bei Jesus sein möchten. Amen.

6. Hinführung zum Hochgebet
Wir können uns freuen.
Wir wollen danken.
Jesus läßt uns nicht im Stich. Das haben wir heute gemerkt.
Als seine Freunde Angst hatten auf der stürmischen See, war er bei ihnen.
Wir dürfen uns darauf verlassen, daß er auch uns hört, wenn wir zu ihm rufen.

Jetzt ist er bei uns und will mit uns das Mahl feiern.
Er ist unsere Speise.
Laßt uns dem Vater danken für Jesus, seinen Sohn.

7. Hochgebet
(aus: Drei Hochgebete für Eucharistiefeiern mit Kindern, als Studientexte herausgegeben im Auftrag der Deutschen Bischofskonferenz, Einsiedeln/Freiburg 1975)

Sanktuslied:
Lobet, ja lobet den Herrn. Alleluja.
Singet und spielet dem Herrn. Alleluja.

8. Tischgebet
Gott will unser guter Vater sein. Wir können immer unsere Bitten an ihn richten. Darum wollen wir vor unserem Mahl mit Jesus beten:
A: Vater unser. . . (gesungen, siehe S. 135)

9. Friedensgruß
Wie Jesus unser Freund ist, wollen auch wir Freunde sein. Zum Zeichen dafür geben wir uns die Hand und wünschen uns gegenseitig den Frieden:
Der Friede des Herrn sei allezeit mit euch!
A: Und auch mit dir.

10. Mahl
a) O Herr, ich bin nicht würdig . . .
b) Verteilung des Brotes

11. Danksagung
Kehrvers:
Wir können sagen und singen:
Gott sei Dank!
Wir können rennen und springen:
Gott sei Dank!
Wir können andern Freude bringen:
Gott sei Dank!
Wir können singen:
Gott sei Dank!

Jesus, jeden Tag sind viele Menschen in großer Not, sie haben Angst, sie sind schwer krank, sie haben nichts zu essen. Viele Menschen werden auch heute zu dir um Hilfe rufen, weil sie glauben, daß du ihnen helfen kannst. Wir bitten dich gemeinsam mit ihnen: Hilf ihnen in ihrer Not.

Kehrvers:
Wir können klettern und laufen:
Gott sei Dank!
Wir können spielen und raufen:
Gott sei Dank!
Wir können unsern Kopf gebrauchen:
Gott sei Dank!
Wir können singen:
Gott sei Dank!

Jesus, du hast den Jüngern auf dem Meere in der Seenot geholfen. Wir glauben, daß du auch uns helfen kannst, wenn wir in Not, Angst oder Gefahr sind. Bleibe du immer in unserer Nähe, damit wir nichts zu fürchten brauchen.
Kehrvers: Wir können sagen und singen:
Gott sei Dank! . . .

Jesus, wir Eltern und Kinder in Bremerhaven wissen, daß der Sturm ein Schiff hin- und herschaukeln, ja sogar zerstören kann. Jesus, wir bitten dich, hilf allen Menschen, die in Seenot geraten.
Kehrvers: Wir können klettern und laufen:
Gott sei Dank!. . .

12. Schlußgebet
Jesus, du unser Freund, wir haben dein Heiliges Brot durch den Priester bekommen. Wir danken dir für dein Geschenk. Du hast auf dem Meer die Wellen

glatt gemacht, du hast den Sturm vertrieben. Wenn du bei uns bist, bleiben wir im Frieden. Amen.

13. Segen

14. Auszug
Lied:
Kinder, welche Freude, Jesus lädt uns ein,
er lädt uns ein, er lädt uns ein.
Kinder, welche Freude, Jesus lädt uns ein,
seine Freunde wollen wir sein.

1. Wir stellen uns um seinen Tisch,
wir hören auf sein Wort.
Er geht zu dem, den keiner mag,
den, der weint, schickt er nicht fort.

2. Wir stellen uns um seinen Tisch,
sein Brot teilt er uns aus.
Wie er für andre da zu sein,
schickt er uns zu den Menschen hinaus.

Vorbereitungskurs zur Erstkommunion

Vorbereitung von 5–7jährigen Kindern auf die Teilnahme an der Mahlfeier

Die Kinder legen eine Mappe an, um darin die Aufzeichnungen und Bilder zu sammeln, die sie zu den einzelnen Themen erarbeiten.

1. Wer sind wir?

Die Kinder sollen zu diesem Thema Bilder verschiedener Menschen (groß, klein, schwarz, gelb oder rot) malen oder aus Zeitungen, Zeitschriften usw. ausschneiden. Die Kinder sollen erkennen, daß alle Menschen prinzipiell gleich sind, auch wenn sie verschieden aussehen: Alle Menschen wollen leben und haben die gleichen Grundbedürfnisse.

2. Was wir Menschen brauchen, um zu leben.

Nahrung, Kleidung, Wohnung als Grundbedürfnisse der Menschen sollen die Kinder darstellen durch Zeichnen und Malen oder durch Kleben mit Buntpapier oder auch indem die Kinder entsprechende Darstellungen ausschneiden.

3. Um alle diese Bedürfnisse zu befriedigen, benötigen wir die Mithilfe anderer Menschen.

Diese Grundtatsache muß den Kindern bewußt gemacht werden. Z. B. beim Duschen: Wer sorgt dafür, daß Wasser fließt? Welcher Aufwand ist nötig für eine Fernsehsendung? Zum Spielen benötigen wir einen Spielgefährten. Beim Einkaufen, Kochen oder beim Tischdecken kann man dem Kind erklären, wer alles mithelfen muß, um das tägliche Essen zubereiten zu können. Zeigen, worin die Mutter dem Kind hilft. Aber auch umgekehrt: Auch das Kind hilft der Mutter, z. B. beim Aufräumen der Spielsachen, indem das Kind mit der Mutter eine Aufgabe (was sollen wir einkaufen?) überlegt und löst (bitte nicht: Das Kind hilft der Mutter, indem es artig ist).

4. Obwohl wir die Mithilfe der anderen Menschen benötigen, gibt es immer wieder (sogar mit dem, der einem hilft) Zank und Streit.

Die Kinder können dazu aus Zeitungen und Zeitschriften Bilder ausschneiden und aufkleben. Wir lesen ihnen Geschichten zu diesem Thema vor („Vorlesebuch Religion"). Ferner soll auch besprochen werden, warum selbst zwischen Mutter und Kind Streit entsteht.

5. Es gibt Menschen, mit denen wir uns besonders gut vertragen: Eltern, Geschwister, Verwandte, Freunde.

Darüber sprechen, weshalb wir als Familie zusammenhalten und was uns verbindet:
Die Familie lebt in einer Wohnung zusammen. Vater und Mutter sorgen für die Kinder, die Kinder tragen durch kleine Handreichungen zum Zusammenleben bei. Die Geschwister helfen sich untereinander und sind Spielgefährten.
Freunde sind meistens gleich alt und haben dadurch gleiche Interessen und Probleme.

6. Es gibt aber auch Menschen, die man gleich ablehnt, da sie Eigenarten und Gewohnheiten haben, die man selbst nicht kennt.

Ausländer (andere Sprache, Kleidung, Lebensgewohnheiten).
Sozial Schwächere, geistig oder körperlich Behinderte.

Die Kinder können hierzu auch malen oder Bilder ausschneiden.

7. Es gibt einen, der keinen Menschen ablehnt: Jesus.

Zur Verdeutlichung lesen wir hierzu die Perikope über Zachäus (vgl. S. 48) und besprechen sie unter folgenden Gesichtspunkten:

- Warum wollen die Menschen Zachäus nicht durchlassen?
- Warum waren die Leute mit Jesus böse?
- Warum kehrte Jesus gerade bei Zachäus ein?
- Wodurch wurde Zachäus Jesu Freund?

Szenen dieser Perikope können wir unsere Kinder malen lassen.

8. Jesus begegnet Menschen.

Damit unsere Kinder dieses Verhalten Jesu und so ihn selbst besser kennenlernen, sollten wir einige Begebenheiten aus dem Leben Jesu erzählen und besprechen. Dazu eignen sich besonders gut die folgenden Perikopen:
Jesus sucht sich Freunde (vgl. S. 42)
Der blinde Bartimäus (vgl. S. 43)
Jesus heilt den Lahmen (vgl. S. 46)
Jesus kehrt bei Zachäus ein (vgl. S. 48)
Jesus stillt den Sturm auf dem Meer (vgl. S. 110)

9. Jesus sucht sich Menschen, die seine Freunde wurden.

Perikope vom Fischfang und Jüngererwählung (vgl. S. 42)

10. Mit Freunden feiern wir gern und halten ein Mahl.

Gemeinsames Frühstück eine Woche vor dem Erstkommuniontag.
Dabei Gespräch:
Brot ist ein wichtiges Nahrungsmittel.
Brot gibt es in vielen verschiedenen Formen (zeigen).
Auch die Hostien sind Brot (Klärung des besonderen Aussehens).
Jedes Kind probiert eine Hostie.
Auch Jesus hat mit seinen Freunden ein Festmahl gehalten und tut es auch heute noch.
Text des Abendmahlsberichtes
Gespräch des Geistlichen mit den Kindern:
Der Priester ist Stellvertreter Jesu.
In seinem Auftrag, zu seinem Gedächtnis feiert er das Mahl mit uns und verteilt das Brot.

11. Jesus, unser Freund, feiert das Mahl mit uns.

Mahlfeier zum Thema:
In der Pfarrkirche versammelt sich die Gemeinde zum Gottesdienst, bei dem die Kinder noch nicht kommunizieren (vier Wochen vor der Erstkommunion).

Erstkommunionfeier als Mahlfeier mit der Gemeinde. Anschließend gemeinsames Mittagessen im Gemeinderaum.

Fragebogen

Bitte, numerieren Sie die Antwortmöglichkeiten je nach der Wichtigkeit!

A. Wie sind Sie in den Kreis hineingekommen?

..... Kanzelverkündigung
..... Ansprache durch den Pfarrgeistlichen
..... Hinweis durch Bekannte
..... Mitgliedschaft in einem anderen Kreis
..... eigene Anfrage beim Pfarrgeistlichen
..... ______________________________
..... ______________________________

B. Welche Erwartungen stellten Sie an den Kreis?

1. allgemein:

a) für sich selbst

..... andere Leute kennenlernen, Bekanntschaften machen
..... Möglichkeit, sich auszusprechen, zu diskutieren
..... Anschluß an eine Gruppe gewinnen
..... ______________________________
..... ______________________________

b) für Ihr Verhalten zu Ihrem Kind:

..... Gespräche über Fragen und Schwierigkeiten bei der Kindererziehung
..... Austausch von Erziehungsmethoden
..... Hilfe bei Erziehungsschwierigkeiten
..... ______________________________
..... ______________________________

c) für Ihr Kind:

..... neue Freunde, Spielkameraden für das Kind
..... Anschluß des Kindes an eine Gruppe
..... Möglichkeit, das Kind für Stunden unterzubringen
..... ______________________________
..... ______________________________

2. in religiöser Hinsicht:

a) für sich selbst:

..... Erweiterung des religiösen Wissens
..... Unzufriedenheit über eigene religiöse Erziehung
..... Berichtigung als überkommen angesehener religiöser Vorstellungen
..... Unzufriedenheit über religiöse Formen, die nicht mehr nachvollzogen werden können

..... Bestätigung eigener religiöser Überlegungen und Formen
..... Information über neue Aussagen der Kirche zum Glauben
..... Anschluß an die Gemeinde finden
..... religiöses Erlebnis in der Gruppe
..... ______________________________
..... ______________________________

b) für Ihr Verhalten zu Ihrem Kind:
..... Information über Möglichkeiten der religiösen Erziehung
..... Besprechung und Austausch von religiösen Erziehungsformen
..... Unzufriedenheit über bestehende Kindergottesdienste
..... Information über Möglichkeiten, mit Kindern Gottesdienst zu halten
..... Information über Möglichkeiten der Vorbereitung auf die Erstkommunion
..... ______________________________
..... ______________________________

c) für Ihr Kind:
..... Möglichkeit der Teilnahme an einem Kindergottesdienst
..... Möglichkeit des Mitvollzugs von Kindergottesdiensten
..... Hinführung zur Teilnahme an der Erwachsenenmesse
..... Vorbereitung auf die Erstkommunion
..... Erwerb von kindgemäßem religiösem Wissen und religiösen Formen
..... Erwerb von religiösem Wissen und religiösen Formen als Grundlegung für die Entscheidung in der Pubertät
..... Hineinwachsen in die Gemeinde
..... Gemeinde erleben in und außerhalb der Kirche
..... ______________________________
..... ______________________________

C. Sind Ihre Erwartungen erfüllt worden?
1. Welche:
..... voll:
..... ______________________________
..... zum Teil:
..... ______________________________
2. Welche nicht:
..... ______________________________
3. Warum nicht:
..... lagen außerhalb der Ziele des Kreises

..... lagen außerhalb der Möglichkeiten des Kreises
..... wurden vom Kreis nicht ernst genommen
..... ______________________________
..... ______________________________

D. Arbeitsweise des Kreises

a) Welche Rolle spielten Sie in dem Kreis?
..... passiver Zuhörer
..... zurückhaltender Gesprächspartner
..... führender Gesprächspartner
..... Führer des Kreises
..... ______________________________
..... ______________________________

b) Konnte der Kreis von Ihnen profitieren?
..... ja
..... nein

Warum nicht?
..... zuwenig Erfahrung und Wissen
..... zuwenig Durchsetzungsvermögen
..... der Pfarrer wußte alles besser
..... der/die Führer des Kreises wußte(n) alles besser
..... ______________________________

E. Verbesserungsvorschläge für die zukünftige Arbeit dieses Kreises
..... ______________________________

Wir wollen singen für Gott, unsern Herrn

Text: Heinz Großmann
Melodie: vor 1913

Er kam zu uns

Text: Heinz Großmann
Melodie: Spiritual „O When The Saints"

Zu Betlehem geboren

Text: Geistliches Psälterlein, Köln 1637, Friedrich von Spee
Melodie: Franz. weltl. Volksweise, Paris 1599; Köln 1638

Jesus ruft: Komm her zu mir

Text: Heinz Großmann
Melodie: Spiritual „Michael"

2. Er hat immer für uns Zeit. Halleluja.
Jesus, sieh, wir sind bereit. Halleluja.

Kommt, sagt es allen Leuten

Text: Lutz Hoffmann, Franz Mausberg, Karl Norres, Leo Schuhen
Melodie: Spiritual

Aus: Liedmesse für die Adventszeit, Hoppe + Werry, Mülheim/Ruhr 1965

Daß ich springen darf

Text: Nach einem franz. Kindergebet übertragen von U. und E. Haller
Melodie: Seminargruppe des Evangelischen Stadtjugendpfarrers, Frankfurt/M.

2. Daß ich tanzen darf und mich freuen – ich danke dir!
Daß ich träumen darf und mich freuen – ich danke dir!

3. Daß ich singen darf und mich freuen – ich danke dir!
Daß ich lieben darf und mich freuen – ich danke dir!

Text aus: Mein kleines Gebetbuch, Chr. Kaiser Verlag, München 1963
Melodie aus: 111 Kinderlieder zur Bibel. Neue Lieder für Schule, Kirche und Haus, hrsg. von Gerd Watkinson, Verlag Ernst Kaufmann / Christophorus-Verlag, Lahr / Freiburg 1968

Danke für diesen guten Morgen

Text und Melodie: Martin G. Schneider

Aus: Danke, BE 214, Gustav Bosse Verlag, Regensburg

Gott liebt die Kinder

2. Wir grüßen dich, Herr Jesus,
im Gotteshause hier.
Wir sind nun deine Gäste.
Wir danken dir dafür.
Gott liebt die Kinder ...

Aus: Pfälzer Kindermesse, Studio Union im Lahn-Verlag, Limburg

Wir sagen euch an den lieben Advent

Text: Maria Ferschl
Melodie: Heinrich Rohr 1954

Aus: Weihnachts-Singebuch, 2. Teil, Christophorus-Verlag, Freiburg

Christus ist geboren

2. Wir wollen nun versuchen, so gut wie er zu sein,
daß Frieden wird auf Erden für Menschen groß und klein.
Freuet euch ...

Aus: Heute Weihnachten feiern? Hildesheim / Kevelaer 1973

Vater unser

Textgestaltung: Ernst Arfken
Melodie: Oskar Gottlieb Blarr

Aus: SCHALOM – Ökumenisches Liederbuch, Burckhardthaus-Verlag, Gelnhausen – Berlin / Neue geistliche Lieder, BE 285, Gustav Bosse Verlag, Regensburg

Freut euch, ihr Christen

Aus: Heute Weihnachten feiern? Schüler – Eltern – Lehrer, Arbeitshilfen 1, Bernward Verlag / Verlag Butzon & Bercker, Hildesheim / Kevelaer 1973

Schau auf uns, Herr

Text: Heinz Großmann
Melodie: Spiritual „Ev'ry Time I Feel The Spirit"

Nun danket all

Text: Paul Gerhardt 1647
Melodie: Johann Crüger 1648

2. Ermuntert euch und singt mit Schall
Gott, unserm höchsten Gut,
der seine Wunder überall
und große Dinge tut!

3. Er gebe uns ein fröhlich Herz,
erfrische Geist und Sinn
und werf' all Angst, Furcht, Sorg' und Schmerz
in Meerestiefen hin.

4. Er lasse seinen Frieden ruhn
auf unserm Volk und Land;
er gebe Glück zu unserm Tun
und Heil zu allem Stand.

Wir bringen Brot

Text: Heinz Großmann
Melodie: Spiritual „I'm Gonna Sing"

2. Wir bringen Wein und bereiten das Mahl,
wir bringen Wein und bereiten das Mahl,
wir bringen Wein und bereiten das Mahl,
das Mahl, das Jesus mit uns hält.

3. Wir kommen selbst und bereiten das Mahl,
wir kommen selbst und bereiten das Mahl,
wir kommen selbst und bereiten das Mahl,
das Mahl, das Jesus mit uns hält.

Komm her, wir feiern heute

Text: Heinz Großmann
Melodie: Spiritual „Good News"

2. Alle, die da kommen, jung und alt, arm und reich,
wollen gute Freunde sein.

3. Alle, die da kommen, jung und alt, arm und reich,
hören Jesu gutes Wort.

4. Alle, die da kommen, jung und alt, arm und reich,
stellen Brot und Wein bereit.

5. Alle, die da kommen, jung und alt, arm und reich,
halten Mahl mit ihm.

Alleluja laßt uns singen

Text: Heinrich Bone, Cantate 1851
Melodie: Gesangbuch von J.B.C. Schmidts, Düsseldorf 1836

Ich hab von einem Mann gehört

Text: Arnim Juhre
Melodie: Karl-Wolfgang Wiesenthal

2. Ich hab von einem Mann gehört,
der hatt' zwei große Söhne,
der hatt' zwei große Söhne,
bis einer sich verirrte,
bis einer sich verlief.
Was macht der Mann,
was macht der Mann,
als dieser wiederkehrte,
als dieser wiederkehrte?
Er gibt ein Fest,
er gibt ein Fest,
er gibt ein Fest,
weil er ihn wiederhat.
Und dann wird Freude sein,
ja dann wird Freude sein,
Freude sein!

Aus: Gerd Watkinson (Hrsg.), 9 × 11 neue Kinderlieder zur Bibel, Verlag Ernst Kaufmann / Christophorus-Verlag, Lahr / Freiburg 1973

Gott sei Dank

Text: Heinz Großmann
Melodie: Spiritual „He's Got The Whole World"

2. Wir können klettern und laufen:
Gott sei Dank!
Wir können spielen und raufen:
Gott sei Dank!
Wir können unsern Kopf gebrauchen:
Gott sei Dank!
Wir können singen:
Gott sei Dank!

Lobet, ja lobet

Er ist da

Text: Heinz Großmann
Melodie: Spiritual „Rock My Soul"

Vater unser

Melodie: Peter Sasse

Kinder, welche Freude

Text: Heinz Großmann
Melodie: Spiritual „Joshua Fit De Battle Of Jericho"

2. Wir stellen uns um seinen Tisch,
sein Brot teilt er uns aus.
Wie er für andre da zu sein,
schickt er uns zu den Menschen hinaus.

Verzeichnis der Hilfsmittel

Im Laufe unserer Gruppenarbeit hat sich eine Dreiteilung der Hilfsmittel ergeben. Entsprechend haben wir das Verzeichnis gegliedert.
Unter I werden die Hilfsmittel aufgeführt, die von uns bevorzugt verwendet wurden. Sie stehen uns an jedem Vorbereitungsabend zur Verfügung.
Es folgen unter II die Hilfsmittel, die wir erst an zweiter Stelle, also seltener zu Rate gezogen haben.
Unter III geben wir die Bücher an, die uns grundsätzlich bei der Bewältigung unseres Vorhabens geholfen haben.

I

Karl Heinrich Bartels / Dietrich Steinwede / Renate Ziegler, Werkbuch Biblische Geschichte für Kindergottesdienst und Schule, 1. und 2. Band, Verlag J. Pfeiffer, München 1971.

David und Goliath, Wandfries von Marlene Riedel, Erläuterungen von F. Betz, Christophorus-Verlag, Freiburg 1967.

Zachäus – Jesus macht es anders, Wandfries von Paul Zimmermann, Erläuterungen von F. Betz, Christophorus-Verlag, Freiburg 1969.

Der König kommt, Wandfries von Reinhard Herrmann, Erläuterungen von F. Betz, Christophorus-Verlag, Freiburg 1966.

Von der Liebe des Vaters, Wandfries von Helga Aichinger, Erläuterungen von F. Betz, Christophorus-Verlag, Freiburg 1966.

Der große Fischfang und die Berufung der ersten Jünger, Wandfries von Paul Zimmermann, Erläuterungen von F. Betz, Christophorus-Verlag, Freiburg 1968.

Lasset die Kinder zu mir kommen, Wandfries von Reinhard Herrmann, Erläuterungen von F. Betz, Christophorus-Verlag, Freiburg 1964.

Euch ist heute der Heiland geboren, Wandfries von Marie-Luise von Bronk, Erläuterungen von F. Betz, Christophorus-Verlag, Freiburg 1965.

Sehend werden, Wandfries von C. J. de Kort, Erläuterungen von F. Betz, Christophorus-Verlag, Freiburg 1969

Reinhard Herrmann, Flanellbilder zur Bibel, Ausgabe für den Katholischen Religionsunterricht, Christophorus-Verlag, Freiburg (bisher sind 44 Flanellbilder erschienen, 11 zum AT und 33 zum NT).

Anton Kalteyer (Hrsg.), Katechese in der Gemeinde, Hinführung der Kinder zur Eucharistie. Ein Werkbuch, Verlag Josef Knecht, Frankfurt a. M. 1974.

Norbert Keller / Hans-Joachim Wagener, Motivmessen mit Kindern, Verlag Hans Driewer, Essen 1972.

Wolfgang Longardt, Spielbuch Religion. Für den Umgang mit fünf- bis zwölfjährigen Kindern, Benziger Verlag, Köln 1974.

Dietrich Steinwede, Zu erzählen deine Herrlichkeit. Biblische Geschichten für Schule, Haus und Kindergottesdienst, Vandenhoeck & Ruprecht, Göttingen ²1967.

Was uns die Bibel erzählt (bisher 16 Bände erschienen), Württembergische Bibelanstalt, Stuttgart.

II

Marianna Angulanza, 22 Gottesdienste, die Freude machen, Verlag Styria, Graz 1974.

Kinder sehen dich an, Weihnachtsbesuch in 24 Ländern. Ein Adventskalender mit Geschichten von Elfriede Becker, gezeichnet von Annegert Fuchshuber, Verlag Ernst Kaufmann, Lahr 1973.

Maria Behnke u. a. (Hrsg.), Ich bin bei euch 1, Religionsunterricht im Primarbereich, Bernward Verlag / Verlag Butzon & Bercker / Morus-Verlag, Hildesheim / Kevelaer / Berlin 1974.

Fotobibel, Quell Verlag / Verlag Butzon & Bercker, Stuttgart / Kevelaer 1972.

Hermine König / Karl Heinz König / Karl Joseph Klöckner, Jesus ruft uns. Ein Vorbereitungskurs zur Erstkommunion, Kösel-Verlag, München ²1973.

Felix Lelubre / André Laurentin, Einführung der Kinder in die Liturgie, Verlag J. Pfeiffer, München 1965.

Christa Linke (Hrsg.), Lieder für uns zum Singen mit kleinen Kindern, Verlag Ernst Kaufmann, Lahr 1969.

Wolfgang Longardt, Neue Kindergottesdienstformen, Gütersloher Verlagshaus Gerd Mohn, Gütersloh 1973.

Wolfgang Longardt, Katechetische Spielmappen für 4–7jährige: 1. Wenn wir uns gestritten haben / 2. Wenn wir manchmal Angst haben / 3. Wenn einer keinen Freund hat, Christophorus-Verlag, Freiburg 1972.

Heinrich Rennings, Das Römische Direktorium für Kindermessen, in: Gottesdienst 2, Verlag Herder, Freiburg / Wien, 8. Jahr, 1. Halbjahr 1974.

Magdalena Spiegel / Josef F. Spiegel, Arbeitshilfen für die religiöse Erziehung im Vorschulalter, Don Bosco Verlag, München 1973.

Dietrich Steinwede / Sabine Ruprecht (Hrsg.), Vorlesebuch Religion. Für Kinder von 5–12, Verlag Ernst Kaufmann / Vandenhoeck & Ruprecht / Benziger Verlag / Theologischer Verlag, Lahr / Göttingen / Zürich-Köln / Zürich 1971.

Dietrich Steinwede / Sabine Ruprecht (Hrsg.), Vorlesebuch Religion 2. Für Kinder von 5–12, Verlag Ernst Kaufmann / Vandenhoeck & Ruprecht / Benziger Verlag / Theologischer Verlag, Lahr / Göttingen / Zürich-Köln / Zürich 1973.

Dietrich Steinwede, Jesus aus Nazareth. Ein Sachbilderbuch, Patmos-Verlag, Düsseldorf 1972.

Anne de Vries, Die Kinderbibel erzählt für die Kleinen, Friedrich Bahn Verlag, Konstanz o. J.

Gert Watkinson (Hrsg.), 111 Kinderlieder zur Bibel. Neue Lieder für Schule, Kirche und Haus, Verlag Ernst Kaufmann / Christophorus-Verlag, Lahr / Freiburg ²1970.

Günter Weber, Wie wir Menschen leben. Ein Religionsbuch 3, Verlag Herder, Freiburg 1972.

Günter Weber, Miteinander eins werden. Ein Eucharistiebuch, Verlag Herder, Freiburg 1971.

III

Marielene Leist, Erste Erfahrungen mit Gott. Die Religiöse Erziehung des Klein- und Vorschulkindes, Herder-Bücherei 409, Verlag Herder, Freiburg ^{6}1973.

Pierre Ranwez, Religionspädagogik des Kleinkindes, Benziger Verlag, Zürich–Einsiedeln–Köln 1970.

Walter Wiese, Wo ist Gott, Mutter? Kinder fragen, Eltern antworten, Verlag Ernst Kaufmann, Lahr 1969.